Justiça Social
Desafio para a Formação de Professores

Júlio Emílio Diniz-Pereira
Kenneth M. Zeichner
Organizadores

Justiça Social
Desafio para a Formação de Professores

Tradução
Cristina Antunes

autêntica

COPYRIGHT © 2008 OS AUTORES

CAPA
Patrícia De Michelis

TRADUÇÃO DOS TEXTOS EM INGLÊS
Cristina Antunes

REVISÃO DA TRADUÇÃO
Júlio Emílio Diniz Pereira

EDITORAÇÃO ELETRÔNICA
Tales Leon de Marco
Waldênia Alvarenga Santos Ataíde

REVISÃO
Vera Lúcia De Simoni Castro

Todos os direitos reservados pela Autêntica Editora. Nenhuma parte desta publicação poderá ser reproduzida, seja por meios mecânicos, eletrônicos, seja via cópia xerográfica, sem a autorização prévia da editora.

AUTÊNTICA

BELO HORIZONTE
Rua Aimorés, 981, 8º andar. Funcionários
30140-071. Belo Horizonte. MG
Tel: (55 31) 3222 68 19
TELEVENDAS: 0800 283 13 22
www.autenticaeditora.com.br
e-mail: autentica@autenticaeditora.com.br

Dados Internacionais de Catalogação na Publicação (CIP)
(Câmara Brasileira do Livro, SP, Brasil)

Justiça Social : desafio para a formação de professores / Júlio Emílio Diniz-Pereira, Kenneth M. Zeichner, organizadores ; tradução Cristina Antunes. -- Belo Horizonte : Autêntica Editora, 2008 .

Vários autores
Bibliografia
ISBN 978-85-7526-320-4

1. Justiça social 2. Pesquisa educacional 3. Professores - Formação I. Diniz-Pereira, Júlio Emílio. II. Zeichner, Kenneth M. .

| 08-03249 | CDD-370.71 |

Índices para catálogos sistemático:
1. Formação de professores para a justiça social :
Pesquisa : Educação   370.71

Sumário

Apresentação 7

Capítulo 1: Formação de professores para a justiça social em tempos de incerteza e desigualdades crescentes
Kenneth M. Zeichner 11

Capítulo 2: "A transformação da alma" – Aprendendo a ensinar para a justiça social: o programa de formação de professores da Escola Putney (1950-1964)
Carol R. Rodgers 35

Capítulo 3: Justiça social na formação docente: fardo invisível para o professor de cor
Jean Moule 75

Capítulo 4: Desafios para a implementação da justiça social na formação de professores
Morva A. McDonald 105

Capítulo 5: Modelos críticos de formação docente: a experiência do MST
Júlio Emílio Diniz-Pereira 141

Os autores 166

Apresentação

Justiça social: desafio para a formação de Prossores

A idéia de organizar este livro surgiu depois que nós, autores desta coletânea, submetemos e apresentamos duas mesas-redondas sobre o tema da *formação de professores para a justiça social,* em dois eventos importantes da área de Educação, dos Estados Unidos: o 57º Encontro Anual da Associação Americana das Faculdades de Formação de Professores (*American Association of Colleges for Teacher Education – AACTE*), em fevereiro de 2005, em Washington D.C., e o Encontro Anual da Associação Americana de Pesquisa Educacional (*American Educational Research Association – AERA*), em abril de 2005, na cidade de Montreal, no Canadá.

Todos os capítulos deste livro estão baseados em resultados de pesquisas sobre o tema da *formação de professores para a justiça social.* Uma marca dessas investigações acadêmicas é a sua pluralidade metodológica. Há desde pesquisas que discutem a produção acadêmica sobre a temática, como é o caso do capítulo introdutório de Kenneth Zeichner, até investigações que utilizam metodologias ainda pouco conhecidas e difundidas no Brasil, como no caso do "auto-estudo" de Jean Moule. Existe ainda a pesquisa de Morva McDonald que combina instrumentos quantitativos e qualitativos de pesquisa em Educação. E, finalmente, os estudos de Carol Rodgers e Júlio Emílio Diniz-Pereira: o primeiro de caráter historiográfico, utilizando-se, para tal, de uma série de estratégias metodológicas e o último de natureza qualitativa, apoiando-se, basicamente, em dados coletados por meio de entrevistas semi-estruturadas.

Como mencionado acima, Kenneth Zeichner, por meio de uma análise da produção acadêmica sobre o tema da *formação de professores para a justiça social*, apresenta, no Capítulo 1, uma visão panorâmica daquilo que ele denomina como o "rótulo" escolhido, nos últimos anos, pelas instituições formadoras de professores nos Estados Unidos, para identificar os programas de formação docente daquele país. Zeichner apresenta tal discussão juntamente com uma avaliação crítica da atual conjuntura política no vizinho da América do Norte e no mundo. Apesar de alertar para o risco desse fenômeno da *formação de professores para a justiça social* cair em um vazio e representar muito pouco em termos de avanços concretos para a formação de profissionais da educação, Zeichner não deixa de admitir que tal fenômeno apresenta potencialidades e pode trazer alguma esperança, principalmente, dentro de um contexto político tão adverso.

No Capítulo 2, Carol Rodgers examina a experiência de um programa de formação de professores em "transformar as almas" de seus alunos para ajudá-los a entender e a se interessar, mais profundamente, pelas questões raciais, de justiça social e de sustentabilidade ambiental. A Escola Putney para Formação de Professores (1950-1964), um pequeno programa "reconstrucionista", era baseada nos princípios de escolha, descoberta e aprendizagem centrada no aluno, de John Dewey, e teve como princípio básico o compromisso de transformar o mundo. Essas metas produziram uma tensão entre a autonomia do aluno e os compromissos políticos do programa. Apesar dessa e de outras tensões, os alunos descobriram um sentido para a sua formação que se situa além deles mesmos, de suas experiências, da sala de aula e de suas idéias tradicionais sobre a escola. Mergulhando os alunos em experiências que fazem com que se transformem emocionalmente, esses desenvolveram uma responsabilidade voluntária para mudar seu mundo.

O capítulo de Jean Moule investiga o papel que ela, na condição de acadêmica afro-americana, exerce em uma grande instituição de ensino e pesquisa dos Estados Unidos, quando um programa de formação de professores decidiu colocar em prática uma perspectiva de justiça social. Os resultados desse "auto-estudo" indicam que o compromisso com o trabalho de justiça social produziu uma carga de trabalho opressiva, ainda que auto-imposta, para ela. Os dados são analisados por meio de diferentes aspectos das atividades de um professor universitário: ensino, orientação, pesquisa e administração. Os resultados são interpretados por meio da teoria do desenvolvimento da *interação racial*, adaptada a partir da teoria do desenvolvimento da *identidade racial*. Jean apresenta, no final do texto, algumas soluções que ajudam a instituição onde trabalha a implementar uma perspectiva de justiça social e a ela sobreviver nesse ambiente acadêmico, onde predomina uma visão "Branca" de mundo.

No Capítulo 4, Morva McDonald examina os desafios para a implementação da justiça social na formação de professores e define dimensões das oportunidades de aprendizagem dos futuros docentes. Os resultados decorrem de um estudo de caso comparativo de dois programas de formação de professores para o ensino fundamental: o *Teachers for Tomorrow's Schools Program*, no Mills College, e o *Teacher Education Intern Program*, na Universidade Estadual de San José, ambos nos Estados Unidos. Como referencial teórico, esse estudo combina conceitos da teoria sociocultural e uma teoria de justiça. Ele ilustra como esses programas abordaram a justiça social em seus cursos acadêmicos e como as oportunidades de aprendizagem dos futuros professores variaram a partir de dimensões específicas. Este capítulo destaca, especificamente, as oportunidades dos futuros docentes para desenvolverem ferramentas conceituais e práticas relacionadas à justiça social, enfatizando as necessidades dos alunos, identificadas por sua associação a categorias educacionais e aquelas identificadas por seu pertencimento a grupos oprimidos. Além disso, enfoca como a variação nas oportunidades de aprendizagem dos futuros professores reflete suas concepções a respeito dos alunos e da sua própria formação.

Finalmente, Júlio Emílio Diniz-Pereira apresenta-nos, no último capítulo deste livro, uma análise da experiência educacional de um importante movimento social, no Brasil – o Movimento dos Trabalhadores Rurais Sem Terra (MST) – no que tange à formação de seus educadores. O propósito de Diniz-Pereira é discutir, com base nessa experiência, modelos críticos de formação docente. Para tal, o autor analisa depoimentos de educadoras do Movimento que participaram do programa de "formação inicial" de professores do MST, na década de 1990, sobre tal experiência. Diniz-Pereira conclui que, independentemente da nossa filiação ideológica ou partidária e da nossa afinidade ou não com os ideais de luta do Movimento Sem Terra, é impossível não reconhecer que a experiência do MST, na formação de seus educadores, nos deixa muitas lições para repensarmos nossos cursos e programas na direção da construção de modelos mais críticos de formação docente.

Este livro destina-se àqueles que, direta ou indiretamente, estão envolvidos com a formação de professores e que acreditam na possibilidade da construção de um mundo mais justo, mais humano, fraterno e solidário, livre de discriminações e ecologicamente sustentável. Sabemos que a formação docente não será a solução para todas as injustiças presentes no mundo atual, porém, acreditamos que ela não pode se furtar em dar sua contribuição nesse sentido.

Júlio Emílio Diniz-Pereira
Kenneth M. Zeichner

Formação de professores para a justiça social em tempos de incerteza e desigualdades crescentes[1]

Kenneth M. Zeichner

O foco deste capítulo é uma abordagem da formação docente que se tornou conhecida como *formação de professores para a justiça social*. Embora, com o passar dos anos, vários rótulos tenham sido associados a essa abordagem — tais como formação de professores sócio-reconstrucionista, anti-racista, crítica ou multicultural —, a *formação de professores para a justiça social* (FPJS) parece ter se tornado, nos últimos anos, o rótulo escolhido por faculdades e universidades formadoras de docentes.

A FPJS objetiva preparar professores a fim de contribuir para uma diminuição das desigualdades existentes entre as crianças das classes baixa, média e alta nos sistemas de escola pública de todo o mundo e das injustiças que existem nas sociedades, fora dos sistemas de ensino: em relação ao acesso à moradia, alimentação, saúde, transporte, ao trabalho digno que pague um salário justo e assim por diante. A incerteza que caracteriza o contexto atual está relacionada ao futuro duvidoso que o planeta tem pela frente se as injustiças persistirem e nós continuarmos a ver grandes distâncias na educação e na renda entre ricos e pobres em toda a sociedade.

Nos tempos atuais, a FPJS também objetiva preparar professores para lecionarem em sociedades em que formas crescentes de "responsabilidade" (do inglês, *accountability*) têm sido impingidas às escolas, sendo muitas vezes inconsistentes com as visões dos próprios

---

[1] Este capítulo é baseado em um texto que subsidiou a palestra "Teacher Development: The Key to the 21st Century", realizada durante encontro promovido pela Faculdade de Educação da Universidade Simon Fraser, Vancouver, Canadá, em março de 2006.

educadores sobre o que procuram realizar. Professores e outros profissionais da escola não se opõem a serem responsabilizados por seu trabalho, mas sim às formas limitadas de "responsabilidade" que precisam satisfazer (INGERSOLL, 2003). A *"No Child Left Behind"* (NCLB), nos Estados Unidos, por exemplo, que exige a aplicação de testes de elevado grau de dificuldade, em diferentes séries da educação escolar, obtém a maior parte dos insuficientes recursos que têm sido dados à educação pública, depois que os militares e as corporações recebem suas partes. Os sistemas de educação pública de todo o mundo estão sujeitos a financiamentos insuficientes e os professores são mal pagos em todo lugar (UNESCO, 1998). Os mandatos de "responsabilidade" atuais, freqüentemente adotam uma postura punitiva em relação às escolas e culpam os professores e administradores escolares pelos problemas da sociedade (DAHLSTROM, 2006; REIMERS, 1994).

Em alguns casos, tais como em grandes distritos escolares urbanos nos Estados Unidos e em muitas salas de aula de todo o mundo em desenvolvimento, a pressão por testes de elevado grau de dificuldade tem sido combinada com os esforços para reduzir as oportunidades de os professores exercitarem seu julgamento nas suas salas de aula, como está roteirizado e prescrito no currículo (CENTER FOR EDUCATION POLICY, 2006; SAMOFF, 1999; TORRES, 2000).

Nos Estados Unidos, por exemplo, um alto funcionário do governo, no Departamento Federal de Educação, falou sobre a necessidade de preparar "professores bons o bastante" – *apenas* bons o bastante – para seguirem um currículo roteirizado e serem treinados em práticas de ensino prescritas que são, supostamente, baseadas na pesquisa. Ele e outros da administração de George W. Bush alegaram que monitorar firmemente as ações dos professores, roteirizar o currículo e intensificar os testes padronizados com sérias conseqüências para escolas e professores relacionados com os resultados dos exames resultarão na elevação dos níveis da qualidade educacional e na redução das lacunas de desempenho entre os diferentes grupos de estudantes[2]. Recentemente, a mídia nacional e vários acadêmicos nos Estados Unidos revelaram a fraude envolvida no assim chamado "aperfeiçoamento"

---

[2] Esse encontro aconteceu na Carnegie Foundation for the Advancement of Teaching, em junho de 2002.

das escolas do Texas, sob as diretrizes de Bush, tais como a falsificação de resultados de testes e a falha na inclusão, nos relatórios públicos, dos alunos que foram "expulsos" da escola pelos testes (VALENZUELA, 2005).

Foi levantado o argumento de que muitas crianças nas escolas públicas dos Estados Unidos, especialmente crianças pobres e crianças de cor, têm menos acesso a professores totalmente qualificados que completaram um programa de formação docente, e que esses "professores bons o bastante", que são treinados para seguir instruções, mas não para pensar e exercitar sua capacidade de julgamento, são melhores do que aqueles que são simplesmente pescados na rua sem nenhuma preparação.

Esse mesmo argumento foi levantado em muitos países em desenvolvimento, que também lutam para dar a todos os alunos o acesso a professores que tenham completado, no mínimo, um programa de formação docente no nível posterior ao ensino médio. Com maior acesso à educação fundamental e, em alguns países, ao ensino médio, e com a implementação de políticas econômicas neoliberais que resultaram em drásticas reduções dos gastos públicos em muitos países (por exemplo, CARNOY, 1995), tem se tornado cada vez mais difícil proporcionar professores qualificados para todas as crianças. Alguns dizem que propiciar um professor altamente qualificado para todos os aprendizes do mundo é uma meta irreal, a menos que optemos por um treinamento de técnicos de ensino de maior custo-benefício. Conseqüentemente, muitos países passaram a estabelecer programas que "encurtam caminhos", que levam pessoas para dentro das salas de aula o mais rapidamente possível, muitas vezes com pouca formação anterior (BAINES, 2006).

Acho interessante que muitos desses funcionários do governo que advogam pelos "professores bons o bastante", aparentemente não achem esses "professores bons o bastante" para seus próprios filhos, que geralmente são enviados para escolas particulares. Em muitos países, há uma visível lacuna entre as crianças que têm e aquelas que não têm acesso a professores altamente qualificados, que está ligada à classe social e ao *status* de imigrante. John Dewey (1929) afirmou que "o que os melhores e mais inteligentes pais querem para seu próprio filho, deve ser o que a comunidade quer para todas as suas crianças". Seja o que for que alguém pense sobre o papel dos professores e do ensino, deveria estar disposto a sujeitar seus próprios filhos e netos ao que advoga para os filhos de outras pessoas. Se esse princípio fosse seguido pelos que criam as políticas em todo o mundo, provavelmente encontraríamos uma lacuna muito menor na qualidade da educação experimentada por diferentes crianças.

Os pais querem que as escolas públicas eduquem seus filhos, mas querem das escolas muito mais do que uma boa pontuação nos testes padronizados. Nos Estados Unidos, por exemplo, estudos mostraram claramente que os pais esperam muito das escolas em termos de uma variedade de resultados e não apenas pontuações em testes padronizados (Goodlad, 2004). A maior parte dos pais está preocupada com que seus filhos aprendam a resolver problemas e pensem de maneiras não avaliadas nos testes padronizados, para se darem bem com os outros, desenvolverem suas capacidades estéticas e criativas além de suas habilidades para agirem como cidadãos ativos em uma sociedade democrática (Barber, 1997). Está se tornando cada vez mais difícil para os professores trabalharem com essas metas no atual ambiente de "responsabilização" em muitos países, com pressões para a redução do currículo e ensino baseado em temas de provas (Kozol, 2005).

Apesar de todas as forças que procuram manter sociedades e sistemas educacionais injustos e desiguais, professores dedicados e talentosos, administradores e outros continuam a trabalhar obstinadamente de uma maneira progressista, contribuindo para a promoção de uma maior justiça social na educação pública. Uma meta da FPJS tem sido tornar esse tipo de ensino possível para um número maior de alunos.

Agendas de reforma da formação de professores

Durante anos tive um interesse especial em procurar entender os diferentes propósitos e práticas, associados a exigências de reformas na formação de professores e, especialmente, ao que veio a ser chamado FPJS. Desde o início de minha carreira em educação, considerei minhas realizações, enquanto professor, ligadas aos esforços de promover maior eqüidade no ensino e na sociedade, propiciando a indivíduos, como eu, que freqüentaram o sistema urbano de escola pública, a mesma qualidade de educação que é rotineiramente disponibilizada a outros que são economicamente mais privilegiados. Escolhi entrar no magistério, em primeiro lugar, como uma alternativa ao que muitos de nós pensávamos ser uma injusta guerra no Vietnam e todo meu ensino em escolas públicas foi feito, predominantemente, em escolas situadas em comunidades afro-americanas de baixa renda (ZEICHNER, 1995). Durante anos, a maior parte da minha pesquisa se concentrou em estudar as iniciativas, dentro do meu próprio programa de formação docente e em outros, para formar professores que contribuirão para um mundo mais igual e justo.

Fiz inúmeras tentativas, durante anos, para tentar identificar as ligações entre propostas específicas para a reforma da formação de professores e tradições de pensamento mais amplas que existiram ao longo do tempo, a mais recente das quais identificava três tendências principais de reforma da formação de professores que, acho eu, existem, de uma maneira ou de outra, em todo o mundo: a agenda de profissionalização, a agenda de desregulamentação e a agenda de justiça social (ver ZEICHNER, 2003). Não vou entrar aqui nas diferenças entre essas três agendas, exceto para dizer que os programas de formação de professores de todo o mundo são influenciados, simultaneamente, por todas elas. A agenda de profissionalização tem levado à conversão de muitos programas de formação de professores, em todo o mundo, para a avaliação de desempenho baseada em um conjunto de padrões de ensino (Scott; FREEMAN-MOIR, 2000). A agenda de desregulamentação procura desafiar o monopólio que faculdades e universidades têm na formação de professores e defende a adoção de muitos programas de cursos rápidos de certificação que buscam colocar professores nas escolas em lugares onde é difícil atraí-los e mantê-los. Os "desregulamentadores" querem sujeitar a formação de professores às forças do mercado e, de acordo com essa visão neoliberal, a competição aumentará a qualidade (WALSH, 2004).

FORMAÇÃO DE PROFESSORES PARA A JUSTIÇA SOCIAL

A terceira e última agenda de reforma é a agenda de justiça social, que incorpora vários aspectos do que tem sido referido como educação sócio-reconstrucionista, multicultural, anti-racista, bilíngüe, e inclusiva[3]. Vou esboçar os argumentos feitos pelos defensores dessa

---

[3] Embora a FPJS faça uso de aspectos dessas tendências de formação de professores, ela é distinta delas em função do seu foco em ajudar a promover mudança social em larga escala nas esferas social, econômica, política e educacional da sociedade (ver KAILIN, 2002; McDONALD & ZEICHNER, no prelo).

agenda, a variedade das práticas de formação de professores que têm sido estabelecidas dentro da ampla abrangência da justiça social, e, em seguida, apresentar minha crítica construtiva dessa linha de reforma, porém não como um observador externo, mas como alguém que está envolvido nesse próprio trabalho todos os dias. Embora atualmente ouçamos falar muito de sociedades baseadas no conhecimento, do achatamento do mundo, da necessidade de sistemas de educação pública para formar melhores trabalhadores para a economia global e de a formação de professores ser redesenhada a serviço dessa meta, penso que o futuro de nosso planeta repousa principalmente na agenda de justiça social em educação e em outras esferas.

A FPJS, assim como ocorreu com a "reflexão", nos anos 1980 e 1990, tornou-se o novo *slogan* daqueles que se consideravam formadores de professores progressistas. Atualmente, isso chegou a um ponto tal que é muito difícil encontrar, em qualquer lugar, um programa de formação de professores que não reivindique ter uma orientação de justiça social e formar professores para trabalhar contra injustiças no ensino e na sociedade. Um exemplo disso é a explosão de livros que inundaram o mercado nos últimos anos. Aqui estão alguns exemplos de títulos que estão disponíveis hoje:

• *Feminism and social justice in education.* (ARNOT; WEILER, 1993);

• *Teaching science for social justice* (CALABRESE BARTON, 2003);

• *Class actions: Teaching for social justice in elementary and middle school* (ALLEN, 1999).

• *Walking the road: Race, diversity and social justice in teacher education.* (COCHRAN-SMITH, 2004);

• *Learning to teach for social justice.* (DARLING-HAMMOND, FRENCH; GARCIA-LOPEZ, 2002);

• *Parallel practices: Social justice focused teacher education and the elementary classroom* (REGENSPAN, 2002);

• *Reading and writing the world with mathematics: Toward a pedagogy of social justice* (GUTSTEIN, 2006);

• *Teacher education for democracy and social justice* (MACHELLI; KEISER, 2005).

Do mesmo modo como foi o caso da "reflexão", nos anos 1980 e 1990, agora há necessidade de se aprofundar em relação ao que se pretende com esse rótulo e de saber como as várias interpretações da FPJS influenciam professores e seus alunos. Durante anos, a FPJS tem sido apoiada pelo trabalho de formadores de professores em programas do mundo todo, e por algumas de suas organizações. Por exemplo, nos Estados Unidos, a Associação Americana de Faculdades de Formação de Professores (*American Association of Colleges for Teacher Education – AACTE*) e o corpo voluntário de credenciamento, a Associação Nacional para Credenciamento de Formação de Professores (*National Association for Accreditation of Teacher Education – NCATE*) pressionaram os programas de formação docente para abordarem questões de diversidade de maneira mais substantiva a fim de se tornarem credenciados (LADSON-BILLINGS, 1995). Em alguns lugares, a FPJS tem sido promovida por movimentos sociais, tais como os programas de formação de educadores, no Brasil, ligados ao Movimento dos Trabalhadores Sem Terra (DINIZ-PEREIRA, 2005).

AS METAS DA FORMAÇÃO DE PROFESSORES PARA A JUSTIÇA SOCIAL

A FPJS coloca no centro da atenção o recrutamento de uma força de trabalho para o ensino mais diversificada e a formação de todos os professores para ensinarem todos os alunos. Vai além de uma celebração da diversidade, procurando formar professores que são determinados e capazes de trabalhar dentro e fora de suas salas de aula a fim de mudar as desigualdades que existem tanto no ensino quanto na sociedade como um todo. Existe um reconhecimento das dimensões sociais e políticas do ensino, juntamente com suas outras dimensões, e um reconhecimento das contribuições dos professores para aumentar as oportunidades de vida de seus alunos.

A FPJS é apoiada por uma literatura de pesquisa substancial que identifica os atributos e estratégias do que veio a ser chamado de ensino culturalmente sensível, e, apesar de restar muito trabalho a ser feito para se esclarecerem e elaborar os elementos do que os professores precisam saber, são capazes de fazer, e com que devem se parecer para lecionarem com sucesso nas escolas públicas de hoje, os trabalhos de acadêmicos como Jackie Jordan Irvine, Gloria Ladson-Billings,

Geneva Gay, Ana Maria Villegas, Tamara Lucas, Luis Moll, Sonia Nieto e muitos outros, têm sido consideravelmente consistentes ao apresentarem elementos de um bom ensino (por exemplo, GAY, 2000; IRVINE; ARMENTO, 2001; LADSON-BILLINGS, 1995; VILLEGAS; LUCAS, 2002).

A seguir, tem-se um exemplo, oferecido por Ana Maria Villegas e Tamara Lucas (2002), sobre o conhecimento, as habilidades e os compromissos que surgiram dessa literatura de pesquisa, em relação ao ensino culturalmente sensível.

1. Socioculturalmente consciente: reconhece que há múltiplas maneiras de perceber a realidade que são influenciadas pela posição de alguém na ordem social;

2. Tem uma visão positiva de alunos com perfis diversos, percebendo recursos de aprendizado em todos eles, ao invés de considerar as diferenças como problemas a serem superados;

3. Vê a si mesmo/mesma tanto como responsável por, quanto capaz de, promover mudança educacional que tornará as escolas responsáveis por todos os alunos;

4. Compreende como os aprendizes constroem o conhecimento e é capaz de promover a construção do conhecimento desses aprendizes;

5. Conhece a vida de seus alunos (inclusive em suas comunidades);

6. Usa seu conhecimento sobre a vida dos alunos para planejar um ensino que construa um conhecimento novo sobre aquilo que eles já sabem, embora desenvolvendo os alunos para ir além do que é familiar.

A FPJS não é um fenômeno novo. Por exemplo, no nosso livro de 1991, *Teacher Education and the Social Conditions of Schooling*, Dan Liston e eu descrevemos inúmeras tentativas nos Estados Unidos, começando nos anos 1930, incluindo o *New College no Teachers College*, na cidade de Nova York, de 1932 a 1939, onde os alunos recebiam créditos para participarem em manifestações políticas. A introdução dos cursos de "Fundamentos Sociais" em programas de formação de professores, nos anos 1930, foi outro exemplo precoce de FPJS nos Estados Unidos.

Esses exemplos e outros como a Escola Putney de Formação de Professores (*Putney Graduate School of Teacher Education*), de 1950 a 1964, e recentemente estudada por Carol Rodgers, procuraram conscientemente aplicar à formação docente a idéia de que professores podiam ser formados para serem líderes de reconstrução social e, além de preparar professores para trabalharem em salas de aula com seus alunos, buscavam associar a formação de professores a movimentos mais amplos de mudança social (RODGERS, 2006).

Por exemplo, o programa da Putney incluía alunos morando juntos em grupos inter-raciais e se reunindo com lideranças do Movimento dos Direitos Civis nos Estados Unidos. Como parte de seus estudos, os alunos viajavam juntos em furgões, por períodos de várias semanas, e refletiam sobre essas experiências. Essas viagens de estudo, em geral, eram dirigidas às áreas do sul dos Estados Unidos onde aconteciam lutas por justiça social. A meta, de acordo com Rodgers, era inserir os grupos multirraciais dos alunos de formação de professores no centro de problemas sociais, como racismo e mineração a céu aberto, e apresentá-los respostas a esses problemas, semelhante ao que aconteceu com a Escola Highlander, o Boicote dos Ônibus de Montgomery, escolas de cidadania e comunidades cooperativas.

Apesar de esses programas e outros terem sido parte da formação docente da América do Norte, desde os anos 1930, eles sempre foram marginais em relação à corrente dominante na formação de professores. Um desses programas, o Corpo Nacional de Professores dos Estados Unidos (*U.S. National Teacher Corps*), que existiu entre 1965 e 1981, representou o maior investimento federal já feito nos Estados Unidos para a formação de professores e supunha-se que deveria estimular a mudança na corrente dominante da formação docente, mas, ao final, quando o programa foi fechado por Ronald Reagan, quase nada havia mudado na maneira como a maioria dos professores tinha sido formada em faculdades e universidades por todo o país (SMITH, 1980).

Desde o início das atividades da FPJS, a meta tinha sido formar professores que assumiriam papéis de liderança na reconstrução da sociedade para maior igualdade nas oportunidades e resultados entre os diferentes grupos que constituem a sociedade. Formar professores para serem líderes na reconstrução social resultaria, então, em professores que educassem seus alunos para se tornarem ativos na promoção de mudança social. Um artigo na revista *Social Frontier*, em 1938, captura habilmente essa lógica:

> O dever das faculdades de pedagogia é claro. Elas devem fornecer para as escolas públicas, durante um período de anos, uma equipe de trabalhadores que compreenda perfeitamente os problemas sociais, econômicos e políticos com os quais este país se depara, que seja cuidadosa na melhoria das condições atuais e que seja capaz de formar cidadãos dispostos a estudar seriamente os problemas sociais, refletir criticamente sobre eles e agir de acordo com seus impulsos mais nobres. (BROWN, 1938, p.328)

TENSÕES NA FORMAÇÃO DE PROFESSORES PARA A JUSTIÇA SOCIAL

Tem havido uma série de tensões que fizeram parte dos programas de FPJS desde o seu início. Por exemplo, houve, e continua havendo hoje, um vigoroso debate, entre os defensores da FPJS, sobre se a meta – como George Counts (1932) discute em *Dare the Schools Build a New Social Order* – deveria ser doutrinar futuros professores nos princípios de uma nova sociedade, ou se professores deveriam ser formados nas habilidades e usos da análise crítica sem propor uma visão alternativa específica da sociedade.

Também tem havido uma tensão entre as metas dos formadores de professores para justiça social que querem formar docentes para serem líderes da mudança social e as metas de, pelo menos alguns futuros professores, que não querem assumir esse papel. Finalmente, também tem havido tensão entre o discurso acadêmico sobre lecionar para a mudança social e a ligação desse discurso com as comunidades onde o trabalho deve ser desenvolvido. Basicamente, ceder aos acadêmicos das faculdades e universidades o direito preferencial de interpretação sobre o que conta na FPJS é inconsistente com os princípios básicos de uma formação para a justiça social em que professores e membros da comunidade, cujos filhos freqüentam as escolas públicas, participariam de maneira significativa no processo de formação docente.

Dimensões da variação na formação de professores para a justiça social

Há várias maneiras de se distinguir o trabalho que continuou, durante alguns anos, sob os rótulos de sócio-reconstrucionista, antirracista, multicultural, e a FPJS. Por exemplo, alguns programas tentam introduzir uma perspectiva de justiça social ao longo do currículo inteiro de formação de professores e é possível ver, nesses programas, como um conjunto de padrões e metas gerais, com foco na justiça social, é elaborado e definido dentro de vários componentes do programa.

Embora essa abordagem tenha sido, por muitos anos, a abordagem preferida na literatura sobre FPJS, ela ainda é muito comum e é, provavelmente, a abordagem dominante para chamar a atenção sobre questões de justiça social em um, ou em alguns cursos que são freqüentemente ministrados por "docentes multiculturais", os quais, muitas vezes, são docentes de cor (por exemplo, MOULE, 2005).

Questões como diversidade, justiça social e eqüidade, assim como muitos outros aspectos do currículo de formação de professores, sofreram em função da fragmentação e da falta de coesão curricular que tem, historicamente, atormentado a formação de professores em faculdades e universidades. Essa fragmentação é uma conseqüência de uma variedade de coisas, inclusive o baixo *status* da formação de professores em muitas universidades, a falta de incentivos para o corpo docente trabalhar no desenvolvimento e aperfeiçoamento do programa e a falta de competência em questões de justiça social entre os formadores de professores (LISTON; ZEICHNER, 1991).

Outra dimensão ao longo da qual os programas de FPJS variam é o grau em que enfatizam interagir com culturas e esforços para construir justiça social, em oposição a estudar *sobre* culturas e trabalho de justiça social. Embora todos os programas de formação de professores incluam pelo menos alguma experiência prática dirigida em escolas e, às vezes, em comunidades, os programas variam em relação à freqüência que os futuros professores são postos em contato com alunos e adultos provenientes de diferentes perfis e a natureza dessas interações. Por exemplo, alguns programas enfatizam a leitura e discussão de material sobre questões de raça, diversidade e justiça, com muito pouca experiência com pessoas de diferentes perfis, enquanto outros incluem trabalho substancial em comunidades onde os estagiários são colocados como aprendizes, em vez de salvadores.

Por vários anos, estudei um programa em Chicago, onde alunos viviam juntos em uma vizinhança multicultural, socioeconomicamente diversificada, e onde uma quantidade significativa de seu tempo era gasta em interações planejadas com ativistas da comunidade e moradores da vizinhança (ZEICHNER; MELNICK, 1996). O trabalho atual de Barbara Seidl, em Columbus, Ohio, em que os estagiários acompanham pessoas em uma igreja afro-americana, como parte do seu programa, é outro exemplo do deslocamento do centro de gravidade da formação de professores do campus da universidade para as comunidades (SEIDL; FRIEND, 2002).

Uma última dimensão ao longo da qual os programas de FPJS variam é o grau em que esses programas são modelos das abordagens ativistas e culturalmente sensíveis. De um lado, os programas são sensíveis às diferentes perspectivas e experiências trazidas por seus alunos, as necessidades dos alunos de cor são discutidas e eles não são posicionados unicamente como os educadores dos alunos brancos sobre diversidade. Os alunos são ativamente envolvidos em sua própria formação e o corpo docente que, de fato, trabalha regularmente no programa, desenvolve atividades intimamente tanto com seus alunos como com a equipe auxiliar da escola.

Por outro lado, em muitos programas, a FPJS é transmitida aos alunos de uma maneira suplementar, com pouca atenção aos variados perfis e experiências dos alunos, e os estagiários são colocados em uma posição de receptores passivos no que diz respeito a uma abordagem culturalmente sensível e não conseguem lecionar e trabalhar ativamente pela justiça social em sua formação para o magistério.

PRÁTICAS DE FORMAÇÃO DE PROFESSORES PARA A JUSTIÇA SOCIAL

A literatura sobre formação docente tem abordado algumas das práticas, em programas de formação de professores, que os formadores estão usando, dentro do modelo da FPJS, para desenvolver maior sensibilidade intercultural e competência de ensino entre futuros professores. Tenho tentado documentar isso por vários anos e avaliar a extensão em que há uma garantia empírica para as reivindicações que são feitas em relação a algumas dessas práticas. Isso inclui[4]:

1. Inserir políticas de admissão que classificam os candidatos com base em uma variedade de fatores, inclusive seu compromisso para ensinar todos os alunos, além de outras características pessoais relacionadas à competência do ensino intercultural;

2. Modificar padrões de ensino e avaliações para enfocar mais claramente aspectos do ensino culturalmente sensível (VAVRUS, 2002);

3. Ajudar futuros professores a desenvolverem um senso mais claro de sua própria identidade étnica e cultural e de sua própria localização social e conhecerem como várias formas de privilégio funcionam em sua sociedade (por exemplo, o privilégio de ser branco e falar o inglês, como primeira língua, nos Estados Unidos);

4. Ajudar os futuros professores a examinarem profundamente suas próprias atitudes e concepções sobre aqueles que são diferentes deles mesmos, de várias maneiras;

5. Desenvolver altas expectativas para todos os alunos (por exemplo, exposição a iniciativas bem-sucedidas de ensino a alunos em que se tem, sobre eles, uma baixa expectativa);

6. Supervisionar e analisar cuidadosamente os estágios em escolas e comunidades culturalmente diversificadas, inclusive experiências de imersão cultural nas quais os estagiários vivem em comunidades culturalmente diferentes;

7. Incluir membros das comunidades como formadores (não-certificados) e remunerados para transmitirem aos futuros professores conhecimento cultural e lingüístico (por exemplo, oficinas na comunidade);

8. Ensinar os futuros professores como aprender sobre as famílias e comunidades de seus alunos e como transformar esse aprendizado em práticas de ensino culturalmente sensíveis (por exemplo, incorporar o cabedal de conhecimentos das comunidades);

---

[4] Ver ZEICHNER, 1996; BANKS *et al.*, 2005.

9. Atentar para o compromisso com a diversidade que é evidente no programa e nos contextos institucionais, e não apenas em cursos individuais;

10. Recrutar, apoiar e manter um corpo docente de formação de professores mais diversificado.

Cabe notar que há vários métodos instrucionais diferentes usados para se fazerem todas essas coisas, tais como pesquisa-ação, estudos de caso, *portfolios* e assim por diante. Esses métodos podem ser usados para servir a uma variedade de propósitos e não são necessariamente um sinal de FPJS. O que é importante compreender são os propósitos por meio dos quais esses métodos são usados e como eles são usados.

Problemas com a formação de professores para a justiça social

Apesar das importantes contribuições feitas pelos defensores da agenda de justiça social para a reforma educacional, nestes tempos perigosos, há, a meu ver, uma variedade de problemas que têm enfraquecido seu impacto. Primeiro, a maior parte daquilo que foi feito pelos defensores da FPJS foi realizada no nível da sala de aula, à medida que os formadores introduziam atividades e experiências dentro de seus programas de formação de professores.

Ambas as agendas, a de profissionalização e a de desregulamentação, enfocam as estruturas mais amplas do ensino e da formação de professores e embora alguém possa não concordar com suas posições, elas dirigem o seu discurso para aqueles que determinam as políticas. É claro que qualquer solução dos problemas de injustiça na educação pública precisará abranger as estruturas mais amplas. O foco do trabalho da formação de professores para a justiça social, apenas em nível local, com os indivíduos ou grupos de formadores de professores, dentro dos programas, não impactará significativamente as estruturas mais amplas que moldam o ensino e os maiores problemas sociais de desigualdade no fornecimento e resultados da educação.

Uma segunda limitação importante da agenda de justiça social é a falta de capacidade dos formadores de professores para realizarem o trabalho que precisa ser feito. Por exemplo, apesar de muitos formadores terem experiência docente, lecionando desde o ensino elementar até o ensino médio, não são muitos os que tiveram experiências bem-sucedidas como professores nos tipos de escolas heterogêneas de elevada pobreza e segregadas que existem hoje na educação pública (Ziechner,1996).

Além disso, a despeito do que sabemos, a partir de nossas pesquisas, sobre a importância de se conectarem intimamente os programas de formação de professores às comunidades diversificadas, e sobre empregar membros da comunidade como formadores de professores, muitos programas continuam a funcionar hoje como se a tarefa de formar professores para trabalhar pela justiça social fosse, simplesmente, uma questão de se sentar nas salas de aula da universidade, ler e discutir sobre essas temáticas ou de colocar os professores em formação e os estagiários em escolas culturalmente diferentes para suas experiências práticas.

Ademais, não obstante o crescimento das escolas de desenvolvimento profissional em todo o mundo, não estou convencido de que os professores que lecionam, desde o ensino elementar até o ensino médio, sejam tratados como colegas, como verdadeiros parceiros na tarefa de formar professores. Parte do trabalho de FPJS é realizada em oposição as essas escolas e não necessariamente coloca os futuros professores em contato com professores que ensinam para a promoção da justiça social, além de pais e outros membros da comunidade que também trabalham para mudar as estruturas de poder e opressão que solapam o êxito da justiça social (Murrell, 1998).

Outro problema com a FPJS é que, de acordo com a literatura especializada, ela tem quase que exclusivamente se concentrado na formação de professores brancos para lecionarem alunos de cor que vivem na pobreza, em vez da meta de formar todos os professores para lecionarem todos os alunos. Nos últimos anos, surgem vários trabalhos acadêmicos, documentando a falha da formação de professores em enfocar as necessidades de aprendizado dos futuros professores de cor em instituições predominantemente brancas (por exemplo, Montecinos, 2004). Essa literatura pondera que, embora crescer como uma pessoa de cor leve o indivíduo a experimentar coisas diferentes das experimentadas por uma pessoa branca (por exemplo, racismo), não se pode dizer que o fato de ser uma pessoa de cor equivalha a ser um "bom professor". A tarefa de formação de professores precisa ser reestruturada de uma visão como essa para uma que enfoque as necessidades de todos os futuros professores ensinarem para a justiça social, e que não seja estruturada exclusivamente a partir de uma perspectiva de pessoas brancas.

De mais a mais, grande parte do trabalho que aconteceu sob o rótulo de formação de professores multicultural se concentrou em questões de raça, gênero e classe social, e ignorou a massiva imigração que continua acontecendo em todo o mundo e a formação de professores para ensinarem um número crescente de aprendizes da língua dominante, nos sistemas de escolas públicas de todo o mundo. De acordo com pesquisas, a formação de todos os professores deveria incluir conteúdos relacionados aos componentes da língua, o processo de aquisição da língua e estratégias de ensino para lecionar aprendizes da língua dominante (LUCAS; GRINBERG, no prelo). Nos Estados Unidos, a preparação para ensinar aprendizes da língua inglesa é, muitas vezes, o item mais negativamente avaliado nas pesquisas de acompanhamento dos graduados, em programas de formação de professores. Questões de diversidade de linguagem têm sido segregadas e oferecidas, como um componente lingüístico aplicado, apenas para a maior parte dos professores bilíngües e de inglês como segunda língua (*English as Second Language – ESL*). Além disso, nos Estados Unidos quase não há pesquisa fora do *ESL* e da educação bilíngüe na formação de professores com vistas a questões de diversidade de idiomas.

CONCLUSÃO

Apesar dos problemas que apontei neste capítulo, a FPJS tem feito extraordinário progresso em se tornar parte do discurso corrente da formação docente em todo o mundo. O sucesso da FPJS em se tornar o novo *slogan* na formação de professores, embora problemático de uma certa perspectiva, deveria ser aplaudido nesta época em que são feitos ataques pelo direito à educação multicultural de qualquer espécie, para não citar uma versão que procura promover maior justiça social. Nos Estados Unidos, neste exato momento, você é rotulado como não patriótico se o vêem como alguém ligado a qualquer coisa como aquelas sobre as quais tenho falado hoje, e corre o risco de punição.

Recentemente, por exemplo, o Departamento de Educação dos Estados Unidos negou-me uma subvenção de pesquisa. A razão implícita foi que eu e alguns outros membros da equipe da pesquisa éramos conhecidos por sermos críticos em relação às políticas de educação do governo. Esse comentário estava, na verdade, escrito no sumário das explicações que recebemos da equipe do Departamento de Educação americano.

O sucesso da FPJS em se tornar integrada ao discurso corrente da formação de professores pode, no entanto, transformar-se, mais cedo ou mais tarde, em um sério problema (como aconteceu com o "ensino reflexivo", nos anos 1980 e 1990), se o que for feito sob o nome de justiça social não envolver verdadeiramente ações conjuntas, dentro e fora da educação, por maior mudança social, e se for realizada distante de educadores e comunidades que já estejam trabalhando em direção aos mesmos propósitos.

Uma das coisas que precisa ser feita e que eu não discuti neste capítulo é esclarecer o que se pretende dizer por justiça social nos programas de formação de professores que usam isso como um fundamento. Há concepções de justiça nitidamente diferentes, que se estendem de um nível bastante elementar, como distinguir entre oportunidades justas e resultados justos, até várias estruturas teóricas que falam sobre uma justa redistribuição de recursos ou respeito pelas diferenças dos grupos (McDONALD, 2005).

No final das contas, as desigualdades no ensino público de um país estão intimamente ligadas às lacunas no acesso a empregos que pagam um salário digno, moradia e transporte a preços razoáveis, assistência médica e assim por diante. Embora o ensino e a formação de professores possam desempenhar importante papel para lidar com essas desigualdades e injustiças, eles devem ser vistos como apenas uma parte de um plano mais abrangente de reformas das sociedades. Sem o trabalho político mais amplo que precisa ser feito em vários níveis para mudar as formas nas quais os recursos das sociedades são alocados (por exemplo, para guerras, prisões e estádios esportivos, em vez de escolas), a FPJS terá, por via de conseqüência, pouca importância (BERLINDER, 2005).

Aqui estão algumas estatísticas interessantes dos Estados Unidos:
- **Prisões** - No país com a maior população carcerária do mundo (2.1 milhões), nos anos 1980 e 1990, os gastos do Estado com encarceramento cresceram seis vezes mais que o valor dos gastos

do Estado com a educação superior e, no fim do milênio, o número de afro-americanos do sexo masculino que estava nas prisões e cadeias era um terço maior do que os que estavam nas universidades e faculdades (JUSTICE POLICE INSTITUTE, 2002).

- **Escolas** - A maioria dos distritos escolares nos Estados Unidos tem *deficits* de orçamento de milhões de dólares e alguns têm sido forçados ou a fechar escolas ou a encerrar as atividades antes do término do ano letivo por causa da falta de fundos. Dinheiro para o desenvolvimento profissional de professores tem sido uma das maiores causas desses problemas (KARP, 2003). Um relatório da UNESCO (1998) afirmou que "se se espera que a educação tire os pobres da pobreza, então a educação, em si mesma, deve ser tirada da pobreza".

- **Famílias** - Hoje em dia, milhões de famílias em todo o mundo não têm meios para prover até mesmo as necessidades básicas. As diferenças entre os ricos e os pobres continuam a aumentar e os programas de bem-estar social dos governos continuam a ser cortados (por exemplo, Chiuldren`s Defense Fund, 2005; RANK, 2005aa).

- **A Guerra** - Embora todas essas coisas estejam acontecendo, a administração de George W. Bush continua a gastar bilhões de dólares de recursos preciosos em uma guerra imoral e em uma ocupação ilegal do Iraque. Ele gastou 450 bilhões de dólares, desde março de 2003, e continua a pedir ao Congresso muito mais dinheiro, enquanto propõe cortes em coisas como educação pré-escolar, auxílio de alimentação para os pobres e serviços de saúde para crianças (NATIONAL PRIORITIES PROJECT, 2007).

A alocação de recursos entre diferentes necessidades sociais é uma questão importante na maioria dos países, que precisa ser discutida e desafiada em uma educação por justiça social para as crianças e para seus professores.

A FPJS é importante e precisa ser apoiada nestes tempos difíceis e perigosos, porém, além disso, precisamos olhar seriamente o que está realmente acontecendo sob o escudo da justiça social e nos engajar no mesmo tipo de crítica séria que exigimos dos nossos alunos, futuros professores.

Em 1969, ano em que comecei minha carreira de magistério no ensino público, o Instituto Nacional para o Estudo do Ensino de Jovens em Desvantagem (*National Institute for the Study of Teaching Disdvantaged Youth*) publicou um livro chamado *Teacher for the Real World* (SMITH et al. 1969). Este livro identifica, clara e rigorosamente, a falência dos programas de formação de professores em preparar docentes que lecionam para alunos que vivem na pobreza. O relatório identifica três problemas principais:

1. Os professores não eram familiarizados com os perfis dos alunos pobres e as comunidades onde viviam;

2. Os programas de formação de professores pouco fizeram para sensibilizar os professores em relação aos seus próprios preconceitos e valores;

3. Os professores eram desprovidos de formação nas habilidades necessárias para atuarem efetivamente nas salas de aula.

O relatório concluiu que a formação de professores preparava amplamente os professores para lecionarem para alunos parecidos com eles próprios, em vez de alunos de qualquer origem racial ou social, e convidava para uma maior reformulação dos programas de formação de professores. Dizia:

> Preconceitos de raça, classe, ou étnico podem ser encontrados em todos os aspectos dos programas atuais de formação de professores. Os processos de seleção militam contra os pobres e as minorias, o conteúdo do programa reflete preconceitos vigentes, e os métodos de instrução coincidem com os estilos de ensino do grupo dominante. Desigualdades sutis são reforçadas em instituições de ensino superior. A menos que haja uma escrupulosa auto-avaliação, a menos que cada aspecto da preparação de professores seja cuidadosamente revisto, as mudanças iniciadas na formação docente como resultado da crise atual serão como tantas mudanças que aconteceram antes. Meramente, diferenças que não fazem diferença (SMITH et al., 1969, p. 2-3).

Percorremos um longo caminho desde 1969 para dar à formação de professores mais que uma orientação de justiça social. Muitos, se não a maioria dos professores em formação, leram acadêmicos como Sonia Nieto, Gloria Ladson-Billings e Lisa Delpit, e algumas vezes descobriram, pela primeira vez, idéias como o privilégio de ser branco e de falar o inglês como primeira língua. Estamos fazendo um trabalho, nitidamente, melhor que antes para sensibilizar professores em relação aos seus próprios valores e preconceitos e de como a visão de mundo e as oportunidades de vida de uma pessoa são influenciadas por seu pertencimento social.

Como Bunny Smith ressaltou, no pensamento de 1969, esse processo de maior autoconhecimento e de conhecimento de outros, diferentes de si mesmo, não é o bastante para formar professores que queiram entrar nas escolas mais necessitadas, sejam bem-sucedidos e permaneçam nelas.

A FPJS precisa ir além do discurso, em grande parte acadêmico, que ela se tornou nos *campi* das universidades e começar a prover ferramentas mais práticas conjuntamente com lentes conceituais. Para fazer isso, fortes alianças devem ser formadas entre os professores e administradores de nossas escolas públicas que estejam fazendo um bom trabalho e os pais e outros em comunidades locais que estejam trabalhando pela mudança social, para promover maior justiça dentro das escolas e na sociedade como um todo (ver ZEICHNER, 2006).

Essas alianças precisam ser muito diferentes daquelas do tipo "especialista da universidade transmite conhecimento aos professores e cidadãos desinformados", que caracterizaram, em muitos lugares, as interações do corpo docente fora da academia. Precisamos de mais atenção por parte daqueles de nós que estão nas universidades para o que podemos aprender de professores e pais sobre formar professores que serão defensores da justiça social e conectar nossos esforços dentro da arena da educação para movimentos sociais mais amplos.

Finalmente, não deveríamos concordar que os filhos dos outros tenham nada menos do que gostaríamos para nossos próprios filhos. "Professores bons o bastante" não deveriam ser bons o bastante, em se pensando apenas, para os filhos dos outros e, finalmente, a falta de acesso às condições básicas necessárias para se viver uma vida com dignidade por qualquer pessoa deste planeta não deveria ser tolerada. Essas são as questões mais fundamentais que a formação de professores enfrentará nos anos que virão.

Referências bibliográficas

ALLEN, J. B. (Org.). *Class actions: Teaching for social justice in elementary and middle school.* Nova York: Teachers College Press, 1999.

ARNOT, M. e KEILER, K. (Orgs.) *Feminism and social justice in education.* London: Falmer, 1993.

BAINES, L. Deconstructing teacher certification. *Phi Delta Kappan,* vol. 88, n. 4, p. 326-329, 2006.

BANKS, J.; COCHRAN-SMITH, M.; MOLL, L.; RICHERT, A.; ZEICHNER, K.; LePAGE, P.; DARLING-HAMMOND, L. e DUFFY, H. Teaching diverse learners. In: DARLING-HAMMOND, L. e BRANSFORD, J. (Orgs.) *Preparing teachers for a changing world.* San Francisco: Jossey-Bass, 2005, p. 232-274.

BARBER, B. Public schooling: Education for democracy. In: GOODLAD, J. e McMANNON, T. (Orgs.). *The public purpose of education and schooling.* San Francisco: Jossey-Bass, 1997, p. 21-31.

BERLINER, D. Our impoverished view of educational reform. *Teachers College Record,* 2005, www.tcrecord.org. (Acessado em 19 de agosto de 2005).

BROWN, H. A challenge to teachers' colleges. *Social Frontier,* vol. 4, n. 37, p. 327-329, 1938.

CALABRESE-BARTON, A. *Teaching science for social justice.* New York: Teachers College Press, 2003.

CARNOY, M. Structural adjustment and the changing face of education. *International Labor Review,* vol. 134, n. 6, p. 653-674, 1995.

CHILDREN'S DEFENSE FUND. *The state pf America's children: 2005.* Washington, DC: Author, 2005. (Acessado de http://www.childrensdefense.org em 24 de junho de 2007).

COCHRAN-SMITH, M. *Walking the road: Race, diversity, and social justice in education.* New York: Teachers College Press, 2004.

COUNTS, G. *Dare the schools build a new social order?* Nova York: John Day Co., 1932.

DAHLSTROM, L. *The liberal virus and the false opportunity promise in third world education.* Global South Network, Umea University, Umea, Sweden, 2006. (Acessado de http://alfa.ped.umu.se/projekt/globalsouthnetwork).

DARLING-HAMMOND, L.; FRENCH, J. e GARCIA-LOPEZ, S.P. (Orgs.). *Learning to teach for social justice.* Nova York: Teachers College Press, 2002.

DEWEY, J. *The sources of a science of education.* Nova York: Liveright, 1929.

DINIZ-PEREIRA, J. E. Teacher education for social transformation and its links to progressive social movements: The case of the Landless Workers Movement in Brazil. *Journal of Critical Educational Policy Studies,* vol. 3, n. 2, 2005.

GAY, G. *Culturally responsive teaching: Theory, research, and practice.* Nova York: Teachers College Press, 2000.

GOODLAD, J. *A place called school.* 20th anniversary edition. Nova York: McGraw Hill, 2004.

GUTSTEIN, E. *Reading and writing the world with mathematics: Toward a pedagogy for social justice.* Nova York: Routledge, 2006.

INGERSOLL, R. *Who controls teachers' work: Power and accountability in America's schools.* Cambridge MA: Harvard University Press, 2003.

IRVINE, J. J. e ARMENTO, B. *Culturally responsive teaching: Lesson planning for elementary and middle grades.* Boston: McGraw-Hill, 2001.

JUSTICE POLICY INSTITUTE. *Cellblocks or classrooms: The funding of higher education and corrections and its impact on African American men.* Washington, DC: Author, 2002.

KAILIN, J. *Antiracist education.* Lanham, MD: Roman & Littlefield, 2002.

KARP, S. Money, schools, and justice. *Rethinking Schools,* vol. 18, n. 1, 2003. (Acessado de www.rethinkingschools.org em 10 de fevereiro de 2005).

KOZOL, J. *The shame of the nation: The restoration of apartheid schooling in America.* New York: Crown, 2005.

LADSON-BILLINGS, G. Multicultural teacher education: Research, practice, and policy. In: BANKS, J. e BANKS, C. A. (Orgs.). *Handbook of research on multicultural education.* Nova York: Macmillan, 1995a, p.747-761.

LADSON-BILLINGS, G. Toward a theory of culturally relevant pedagogy. *American Educational Research Journal,* vol. 32, n. 3, p. 465-491, 1995b.

LISTON, D. e ZEICHNER, K. *Teacher education and the social conditions of schooling.* Nova York: Routledge, 1991.

LUCAS, T. e GRINBERG, J. Responding to the linguistic reality of mainstream classrooms: Preparing all teachers to teach English language learners. In: COCHRAN-SMITH, M. FEIMAN-NEMSER, S. e McINTYRE, J. (Orgs.). *Handbook of research on teacher education.* 3rd edition. Mahwah, N.J.: Erlbaum. (no prelo).

MACHELLI, N. e KEISER, D. (Orgs.). *Teacher education for democracy and social justice.* Nova York: Routledge, 2005.

McDONALD, M. The integration of social justice in teacher education: Dimensions of prospective teachers opportunities to learn. *Journal of Teacher Education,* vol. 56, n. 5, p. 418-435, 2005.

McDONALD, M. e ZEICHNER, K. Social justice teacher education. *International Journal of Qualitative Studies in Education,* vol. 17, n. 2, p. 167-181, (no prelo).

MOULE, J. Implementing a social justice perspective: Invisible burden for faculty of color. *Teacher Education Quarterly,* vol. 32, n. 4, p. 23-42, 2005.

MURRELL, P. *Like stone soup: The role of professional development schools in the renewal of urban schools.* Washington DC: American Association of Colleges for Teacher Education, 1998.

NATIONAL PRIORITIES PROJECT. Northampton, MA. *A vote for more war. 2007.* (acessado de http://www.nationalpriorities.org. em 23 de agosto de 2007).

RANK, M. R. *One nation, underprivileged.* Oxford,UK: Oxford University Press, 2005.

REGENSPAN, B. *Parallel practices: Social justice-focused teacher education and the elementary classroom.* Nova York: Peter Lang, 2002.

REOMERS, F. Education and structural adjustment in Latin America and sub-Saharan Africa. *International Journal of Educational Development,* vol. 14, p. 119-129, 1994.

RODGERS, C. The turning of one's soul-Learning to teach for social justice: The Putney Graduate School of Education (1950-1964). *Teachers College Record,* vol. 108, n. 7, p. 1266-1295, 2006.

SAMOFF, J. Institutionalizing international influence: The context for educational reform in Africa. In: SAMUEL, M., PERUMAL, J., DHUNPATH, R., JANSEN, J. e LEWIN, K. (Orgs.). *International trends in teacher education.* Durban, South Africa: University of Durban-Westville, Faculty of Education, 1999, p. 5-35.

SCOTT, A. e FREEMAN-MOIR, J. *Tomorrow's teachers: International and critical perspectives on teacher education.* Christchurch, Nova Zelândia: Canterbury University Press, 2000.

SEIDL, B. e FRIEND, G. Leaving authority at the door: equal-status community-based experiences and the preparation of teachers for diverse classrooms. *Teaching and Teacher Education,* vol. 18, p. 421-433, 2002.

SMITH, B. O.; COHEN, S. e PEARL, A. *Teachers for the real world.* Washington, DC: American Association of Colleges for Teacher Education, 1969.

SMITH, W. The American Teacher Corps programme. In: HOYLE, E. e MAGARRY, J. (Orgs.). *The world yearbook of education: Professional development of teachers.* Londres: Kogan Page, 1980, p. 204-218.

UNESCO. *World education report: teachers and teaching in a changing world.* Paris: UNESCO Publishing Co., 1998.

VALENZUELA, A. *Leaving children behind: How Texas style accountability fails Latino youth.* Albany, NY: SUNY Press, 2005.

VILLEGAS, A. M. e LUCAS, T. Preparing culturally responsive teachers: Rethinking the curriculum. *Journal of Teacher Education,* vol. 53, n. 1, p. 20-32, 2002.

TORRES, R. M. From agents of reform to subjects of change: The teaching crossroads in Latin America. *Prospects,* vol. 30, n. 2, p. 255-273, 2000.

VILLEGAS REIMERS, E. e REIMERS, F. Where are 60 million teachers? *Prospects,* vol. 26, n. 3, p. 469-492, 1996.

WALSH, K. A candidate-centered model for teacher preparation and licensure. In: HESS, F. ROTHERHAM, A. e WALSH, K. (Orgs.). *A qualified teacher in every classroom*, 2004, p. 223-254.

ZEICHNER, K. Reflections of a teacher educator working for social change. In: KORTHAGEN, F. e RUSSELL, T. (Orgs.). *Teachers who teach teachers: Reflections on teacher education*. Londres: Falmer Press, 1995, p. 11-24.

ZEICHNER, K. Educating teachers for cultural diversity. In: ZEICHNER, K., MELNICK, S. e GOMEZ, M. L. (Orgs.). *Currents of reform in preservice teacher education*. Nova York: Teachers College Press, 1996, p, 133-175.

ZEICHNER, K. The adequacies and inadequacies of three current strategies to recruit, prepare, and retain the best teachers for all students. *Teachers College Record,* vol. 105, n. 3, p. 490-515, 2003.

ZEICHNER, K. Reflections of a university-based teacher educator on the future of college and university-based teacher education. *Journal of Teacher Education*, vol. 57, n. 3, p. 326-340, 2006.

ZEICHNER, K. e MELNICK, S. The role of community experiences in preparing teachers for cultural diversity. In: ZEICHNER, K., MELNICK, S. e GOMEZ, M. L. (Orgs.) *Currents of reform in preservice teacher education*. Nova York: Teachers College Press, 1996, p. 176-198.

"A transformação da alma" – Aprendendo a ensinar para a justiça social: o programa de formação de professores da Escola Putney (1950-1964)

Carol R. Rodgers

> [A transformação não repousa] nem em um consenso sobre o que consiste a justiça, nem em uma análise de como funcionam o racismo, o sexismo, ou a sujeição de classe. Tais argumentos e análises são indispensáveis. Mas uma política de conversão requer mais. O niilismo não é superado por argumentos ou análises; ele é domado pelo amor e cuidado. Qualquer doença da alma deve ser subjugada por uma transformação da alma. Essa transformação é feita por meio da afirmação de alguém do seu próprio valor – uma afirmação alimentada pela preocupação alheia. Uma ética do amor deve estar no centro de uma política de conversão. [Cornel West, 1993, *Race Matters*.]

> O termo normalmente usado em relação à preparação daqueles que trabalham no campo da educação é "treinamento de professores". O termo implica na aquisição de um conjunto de habilidades, na memorização das respostas certas e dos métodos certos, em uma concentração nas técnicas. Por sua vez, a Escola Putney usa o termo "formação de professores", para indicar não apenas a dimensão da habilidade, mas o desenvolvimento do amor e da consciência. Preparar para ensinar é uma dura incumbência. [Catálogo da Escola Putney de Formação de Professores, 1950].

Neste capítulo, examino uma experiência realizada em um programa de formação de professores para "transformar as almas" de seus alunos e, com isso, ajudá-los a compreender e a se interessar mais profundamente pelas questões de raça, de justiça social e de sustentabilidade ambiental.

A Escola Putney de Formação de Professores (PGS), que funcionou de 1950-1964, era um pequeno programa ligado à Escola Putney, na cidade de mesmo nome, no Estado de Vermont. Foi fundada pela diretora dessa Escola, Carmelita Hinton, e dirigida por Morris R. Mitchell. O programa era baseado nos princípios de aprendizagem por meio da reflexão sobre a experiência, de John Dewey, e nos princípios "reconstrucionistas" de educação para a justiça social, de Theodore Brameld[1].

Os alunos da PGS aprendiam especificamente por meio do engajamento direto com "lugares de revolução silenciosa" (incluindo a Escola Highlander de Miles Horton, as Escolas de Cidadania em *Sea Islands*, o Boicote dos Ônibus de Montgomery, os assentamentos em casas no Harlem, e iniciativas de desenvolvimento sustentável de terras), com o objetivo de fazer da sociedade um lugar mais humano e harmônico, no qual todos podem viver (ver RODGERS, 2002).

O programa beneficiou-se das primeiras articulações do Movimento dos Direitos Civis, no início dos anos 1950, e da Lei dos Direitos Civis, de 1964, o que foi significativo para a PGS e seu currículo. Por meio de um programa que incluía coabitar a mesma residência com pessoas de raças, nacionalidades, idades e sexos diferentes, estudar e conhecer as lideranças do Movimento dos Direitos Civis, viajar juntos em um furgão, durante várias semanas, para vários lugares de ação civil no extremo sul dos Estados Unidos, e refletir regularmente sobre todas essas experiências, objetivava-se formar indivíduos "transformados"[2], prontos para agir e mudar o mundo[3].

---

[1] Educação reconstrucionista foi o termo usado por Brameld para sua filosofia educacional. Reconstrutivista, enquanto termo, nunca foi usado por Brameld ou seus discípulos (ver BRAMELD, 1995).

[2] Aprendizagem transformacional é um campo teórico que é mais novo do que a própria Escola Putney, ainda que seus significados contemporâneos sejam compatíveis com o termo utilizado por Morris Mitchell. Jack Mezirow, um líder no campo da aprendizagem transformativa, sugere que a aprendizagem transformacional envolve a reconstrução do eu e de seus sistemas de referência, um processo que exige reflexão crítica sobre as concepções que abrangem o eu e o conhecimento que ele aceita como verdade. "Transformação", escreve ele, "se refere a um movimento de reformular, através do tempo, estruturas de pensamento concretizadas pela reconstrução de narrativas dominantes". Essas narrativas, muitas vezes, apontam necessariamente para narrativas de privilégio. O processo de transformação, portanto, não é limitado aos processos internos, mas também envolve agir com autonomia no mundo para mudança positiva – uma "atualização da perspectiva". "[A aprendizagem transformacional] exige que estejamos cientes de como chegamos ao nosso conhecimento e tão cientes quanto pudermos dos valores que nos conduzem às nossas perspectivas. Padrão cultural, estruturas sócio-econômicas, ideologias e crenças sobre nós mesmos e as práticas que eles apóiam, muitas vezes, conspiram para favorecer a conformidade e impedem o desenvolvimento de um senso de ação responsável" (MEZIROW *et al.*, 2000).

Assumindo uma postura radical, especialmente na América conservadora pós Segunda Guerra Mundial, o programa funcionou dentro de um ambiente de tensões. Essas tensões incluíam: formar professores como agentes autônomos de mudança, em um contexto que rejeitava a educação progressista "flexível" em favor de um "rígido" currículo focado nas disciplinas tradicionais, a fim de permanecer forte contra nossos adversários da Guerra Fria (a China comunista e a União Soviética); formar professores para se tornarem pensadores críticos independentes, em um contexto que favorecia a eficiência e o conformismo; e formar professores para a transformação individual em torno de questões de justiça social, em um contexto de medo que tendia a valorizar o autoritarismo e o conservadorismo institucionais (TYACK, 1974; TYACK e CUBAN, 1995).

O mais importante é que havia tensões dentro da própria PGS, entre os ideais mais radicais do programa, corporificados na pessoa de Morris Mitchell, e as metas mais modestas de seus alunos, muitos dos quais "queriam apenas aprender a ensinar". É verdade que eles escolheram um programa radical, mas, em muitos casos, estavam buscando uma versão mais interessante daquilo que a sociedade havia lhes dito que era necessário – professores para ensinar assuntos acadêmicos em prédios escolares. Porém, Mitchell tinha idéias diferentes. De fato, havia uma tensão progressiva entre um currículo explícito centrado em questões contemporâneas e mudança social e um currículo implícito que assumia que os alunos aprenderiam a ensinar aprendendo a aprender.

Neste estudo, mostro que, apesar da freqüente falta de congruência entre as metas de Mitchell para seus alunos e as dos alunos para si mesmos, as experiências dos alunos no programa forçaram estes últimos

---

Robert Kegan vê a transformação como o movimento do eu de sujeito a objeto; de ser inconscientemente "encaixado" em um contexto a ser capaz de perceber o eu, o contexto, e as hipóteses que os definem objetivamente e de agir com independência nessa conscientização (KEGAN, 1982). Alison Cook-Sather usa a metáfora da tradução para compreender a natureza transformativa da aprendizagem. Ela vê o eu como uma entidade em desenvolvimento, continuamente construída e reconstruída pela expressão consciente do eu na resposta aos contextos e relacionamentos dentro dos quais aquele eu atua (COOK-SATHER, 2006). David Kolb também vê o eu como um trabalho em "andamento", no qual o conhecimento e, por conseguinte, o eu são continuamente reconstruídos por meio do processo de reflexão (KOLB, 1984).

[3] Do "Report to the Trustees: Putney Graduate School", para a Assembléia, 28 de março de 1953, 6. The Mitchell papers, #3832 na Southern Historical Collection, Biblioteca da Universidade da Carolina do Norte, em Chapel Hill.

a um confronto consigo mesmos e com as limitações de sua compreensão e a assumirem uma autoridade no processo, tanto como agentes de mudança quanto como professores. Mostro que, embora a personalidade e os compromissos de Mitchell exercessem enorme influência sobre o que e como seus alunos aprenderam, esses fatores, ironicamente, eram contrabalançados pela absoluta independência de pensamento e ação que ele alimentava nos alunos e estruturava dentro do currículo e pelo seu genuíno amor e fé nos seus alunos.

Em contraste com a Escola Putney, cujo propósito explícito era a justiça social, o objetivo dominante da época, em termos de educação, era formar um grande número de professores nas disciplinas básicas para lecionar por meios tradicionais. No entanto, a meta implícita ou tácita da época *era* a justiça social – em outras palavras, essa era a bandeira de luta do Movimento dos Direitos Civis. Foi desse objetivo implícito que Mitchell tirou proveito. As linhas históricas, vívidas e muitas vezes dramáticas, que se entrelaçaram, no decorrer dos anos 1950 e início dos anos 1960, foram essenciais para as transformações individuais que ocorreram na PGS. Para sua própria surpresa, muitas vezes, os alunos descobriam razões para a educação, que se estendem para além deles mesmos, de suas experiências, da sala de aula e de suas noções tradicionais de escola.

Finalmente, enfoco uma lacuna na literatura histórica que David Cohen chamou de "território virgem" – "estudos históricos que se referissem a encontros de professores e alunos para além dos assuntos acadêmicos... o que os professores e os alunos faziam juntos" (COHEN, 1989). Ainda que Cohen esteja falando sobre contatos entre professores e seus alunos, a mesma lacuna histórica existe para os formadores de professores e seus alunos. Por meio do acesso a inúmeros documentos, inclusive arquivos acadêmicos dos alunos (que incluíam diários, trabalhos escritos, planos de estudo, horários, respostas de professores, anotações de aula, e relatos individuais e colaborativos sobre as viagens ao sul dos Estados Unidos), cartas dos alunos, trabalhos escritos de Mitchell e entrevistas com graduados e outros envolvidos no programa[4], fui capaz de desenvolver uma descrição do que Mitchell

---

[4] Esses "outros" incluíam colegas de Mitchell de Putney e do Friends World College, o moderador da cidade de Putney, quando a escola existia, alunos do New College no Columbia Teachers College, onde Mitchell lecionou, o corpo docente da Escola Putney e membros da família de Mitchell (ver RODGERS, 1998).

e seus alunos graduandos "fizeram juntos". Os detalhes de seus encontros, como informados pelos documentos e entrevistas, formam um retrato da interação e estudo professor-aluno que tem pouca semelhança com os encontros tradicionais de professor-aluno que Cohen, provavelmente, tinha em mente. Todavia, o registro transmite a natureza profundamente pessoal, conflitante e, muitas vezes, dramática, de um programa de formação de professores que objetivava o estudo e o ensino transformacional para a justiça social. O contato direto entre Mitchell e seus alunos no contexto da vida real das questões sociais obrigatórias engajou os alunos e os induziu a fazer mudanças transformativas na maneira como viam e compreendiam a si mesmos, o mundo e uns aos outros.

Ensinar para a justiça social hoje

Marilyn Cochran-Smith enfatiza que as crenças e os valores da sociedade sobre os propósitos da educação fornecem o contexto para a política de formação de professores nos dias de hoje (COCHRAN-SMITH, 2004). Observa que as políticas contemporâneas de "responsabilidade" (do inglês, *accountability*) – especialmente a lei "*No Child Left Behind*", mandatos e o "foco inexorável" em testes de elevado grau de dificuldade tanto para alunos quanto para professores – apontam para inúmeras hipóteses: "Ensinar é uma atividade técnica, o conhecimento é estático, a boa prática é universal, estar preparado para lecionar é conhecer a matéria, o aprendizado do aluno é igual à pontuação alta em testes de elevado grau de dificuldade". A educação é vista, portanto, como a maneira mais eficiente de "desenvolver a economia", gerar trabalhadores produtivos e competir com sucesso na economia global, uma política que visivelmente nos faz lembrar os anos 1950. Ensinar para a justiça social, em contrapartida, enfatiza um conjunto diferente de valores. De acordo com essa postura, o propósito da educação é visto como preparar "todas as pessoas para o trabalho significativo e para a livre e igual participação cívica em uma sociedade democrática", e o ensino é considerado como "uma atividade intelectual, o conhecimento... como construído e fluido, a boa prática é contextual e o aprendizado do aluno inclui tanto a realização acadêmica como o desenvolvimento da mentalidade crítica e a preparação para o engajamento cívico" (Ibidem, p. 161).

Em contraste com os modelos "bancários"[5] de formação docente, Cochran-Smith imagina a formação de professores para a justiça social como um problema dual: um problema de aprendizado (*versus* de treinamento) e um problema político (*versus* de política). Como um problema de aprendizado, a formação de professores é, na realidade, construtivista, reconhecendo o conhecimento e as experiências anteriores que os professores trazem; de fato, ela acontece ao longo do tempo e a realidade de sua natureza é contextualizada, não-universal, que não se ajusta a qualquer propósito. Além disso, porque existe a suposição de que a meta da educação é a participação bem-sucedida em uma sociedade democrática, aprender inclui investigar as estruturas sociais e políticas que igualmente defendem e negam acesso ao poder e à oportunidade dentro daquela sociedade. Desse modo, o reconhecimento dessas estruturas, as ideologias que as insuflam, e os grupos que as perpetuam, delineiam a formação dos professores também como um problema político.

A formação de professores para a justiça social é análoga a uma abordagem da formação de professores que se preocupa com uma "pedagogia crítica do lugar". David Gruenewald desafia os defensores da justiça social na formação de professores a ampliarem seu escopo para incluir o manejo ambiental (GRUENEWALD, 2002; 2003). Uma "pedagogia crítica do lugar", escreve Gruenewald, "objetiva avaliar a conveniência dos nossos relacionamentos uns com os outros e com nossos lugares sócio-ecológicos... [e] perseguir o tipo de ação social que melhore a vida social e ecológica dos lugares próximos ou distantes, agora e no futuro" (GRUENEWALD, 2003). Ele defende que as crianças e os professores sejam removidos do espaço limitado das salas de aula e mergulhem nos espaços onde vivem. À medida que se cria uma ligação com um lugar (e, eu afirmo, os eventos históricos que são a vida de um lugar), é criado um compromisso com o bem-estar entre as pessoas que habitam aquele lugar.

Embora um número crescente de programas de formação de professores use hoje os termos justiça social, diversidade, e até mesmo

---

[5] Modelos "bancários" de educação vêem ensino e aprendizado como um negócio em que se deposita informação dentro da cabeça "vazia" de um aluno, onde ela está supostamente disponível para ser sacada a qualquer momento. Questões sobre o conhecimento de quem, e para que propósitos, permanecem não examinadas; a suposição é de que uma vez "depositado", o conhecimento estará disponível (Ver FREIRE, 1970).

"pedagogia crítica do lugar", em suas descrições de si próprios e dos cursos que oferecem, muito freqüentemente (como também aconteceu com os termos "reflexão" e "ensino reflexivo"), eles são simplesmente apêndices, sem a indispensável transformação profunda das estruturas, necessária não apenas para o currículo do programa mas para os próprios formadores de professores (ver RODGERS, 2002).

Esse aprendizado requer transformação individual para ser duradouro. Cochran-Smith, Linda Darling-Hammond e outros mencionaram que tornar-se um professor ou um formador de professores comprometido com a mudança social requer uma transformação fundamental na maneira como se vê o mundo, seu lugar nele e seu relacionamento com os outros (DARLING-HAMMOND *et al.*, 2002; LADSON-BILLINGS, 2001; NIETO, 2000; WEILER, 2002; LISTON e ZEICHNER, 1996). Isso não é alcançado em uma disciplina, ou mesmo em um ano letivo, mas durante uma vida inteira de ensino consciente, diligente, inquiridor e reflexivo, não apenas sozinho, mas na companhia de outros que também se comprometerem. Para fazer a diferença, os professores devem se preocupar com as questões de justiça social "de dentro para fora" – em vez de se preocupar com o porquê deveriam se preocupar. Formar professores comprometidos é o trabalho que a Putney assumiu fazer. Como já perceberam, essa é a história que eu conto neste capítulo.

Se os programas atuais aprenderam alguma lição com a experiência da Escola Putney, esta é que tal aprendizado não se limita à sala de aula; ele acontece em lugares reais e em eventos da história. E o compromisso com questões de justiça social acontece não por meio da persuasão ou do estudo à distância, mas por meio dos encontros pessoais e diretos com indivíduos e situações que não só personificam as doenças da sociedade, como põem em destaque as concepções e as limitações das experiências de uma pessoa e as tentativas absolutamente humanas dos outros de superá-las.

A Escola Putney foi um exemplo precoce de um programa de formação de professores que reconheceu a natureza política do ensino e do aprendizado. Seus contemporâneos progressistas, *Bank Street College* (sob a direção de Lucy Sprague Mitchell) e o *Shady Hill Apprenticeship Program* (sob a direção de Katharine Taylor), por exemplo, foram interrompidos um pouco antes de uma posição politicamente crítica. Seus focos estavam no aprendiz e no aprendizado, dentro do contexto de suas próprias comunidades, mas não necessariamente como agentes de mudança (RODGERS, 1996).

As formas pelas quais o aprendizado acontecia na PGS ofereciam uma visão de aprendizado que refletia os estilos construtivista e transformativo defendidos hoje por Cochran-Smith. Esses encontros muitas vezes transportavam os alunos para além deles próprios, para um lugar onde se tornavam voluntariamente responsáveis para mudar o mundo. A "responsabilidade" tornou-se uma questão pessoal em vez de uma questão de política. O aprendizado despertou neles uma paixão e a visão de que estão no cerne do "bom ensino" – onde almas são transformadas.

ESTRUTURA DO CAPÍTULO

Inicio este capítulo com um breve retrato de Morris Mitchell e do programa da Escola Putney. Na seqüência, apresento uma análise do ensino e aprendizado que lá ocorriam, seguida por uma descrição das experiências dos alunos em suas viagens de estudo. Para investigar a questão de como os alunos mudaram durante o desenrolar do programa, focalizarei na parte do currículo da Escola Putney que expressa seus compromissos de aprendizado e políticos.

Embora o currículo da Escola Putney adote inúmeras formas (seminários, excursões curtas, palestras de visitantes e aprendizagens), a que tinha melhor resultado era a viagem de estudo. O objetivo era inserir os alunos no centro dos problemas sociais – do racismo à mineração a céu aberto – e apresentá-los às instituições contemporâneas e respostas públicas, como a da Escola Highlander de Myles Horton; do boicote dos ônibus de Montgomery; das Escolas de Cidadania em *Sea Islands*, ao largo da costa do Estado da Georgia; dos projetos da *Tennessee Valley Authority* (TVA); e das comunidades cooperativas. Concluo com reflexões sobre o que os programas atuais de formação de professores devem extrair da experiência da Escola Putney.

MORRIS MITCHELL

A filosofia de educação de Morris Mitchell e as idéias dele para sua implementação foram moldadas por sua família e suas experiências como jovem estudante, como soldado na Primeira Guerra Mundial e como novo professor em Ellerbe, na Carolina do Sul. Essas experiências ganharam um formato teórico pelo contato, tanto direto como pela troca de cartas, com John Dewey, William Heard Kilpatrick e Theodore Brameld.

Nascido em 1895, Mitchell cresceu em uma família de educadores. Seu pai, Samuel Chiles Mitchell (1864–1948), foi professor de História, primeiro na Universidade de Richmond (1895–1908) e depois na Universidade Brown (1908–1909). Mais tarde, tornou-se reitor da Universidade da Carolina do Sul (1908–1913) e da Universidade de Delaware (1914–1920). Também foi, por muito tempo, um administrador da *Negro Rural School Fund* da Fundação Anna T. Jeanes (1908–1937)[6]. Fez com que seus três filhos e uma filha tivessem consciência de como seu privilégio – mesmo financeiramente modesto, como era – contrastava com aqueles menos afortunados do que eles, especialmente os negros do sul dos Estados Unidos. A convicção de seu pai, de que era dever moral dos brancos educados colaborarem com a mudança do destino dos pobres do sul, passou a ser a convicção dos filhos. Morris Mitchell e seus dois irmãos, que se tornaram atuantes na educação e nos direitos civis no sul dos EUA, comprometeram-se em fazer a diferença.

O jovem Mitchell não era um bom aluno. Tinha dificuldades em realizar as tarefas prescritas, sentar-se quieto e prestar atenção. Em um diário, sua mãe descreve uma história contada por Mitchell, aos nove anos, sobre seu próprio mau comportamento: "Hoje, na escola" [disse Mitchell], "todos estavam fazendo muito barulho! E a Srta. Kate ficava tocando o sino e tentando impor a ordem... *tentando* impor a ordem; e você devia ter ouvido ela chamando, '*Morris!*' E eles não paravam!"[7]

Ele se ressentiu profundamente da educação "forçada" e foi convidado a sair de duas escolas diferentes, uma pública e uma particular. Finalmente, Mitchell terminou o ensino médio, em 1912, depois do qual freqüentou a Universidade da Carolina do Sul, a Universidade de

---

[6] The Mitchell papers, #3832 na Southern Historical Collection, Biblioteca da Universidade da Carolina do Norte, em Chapel Hill.

[7] Do registro de Alice B. Mitchell sobre seus filhos, 3 de setembro de 1899. Coleção particular de Alice Blachly.

Virginia e a Faculdade de Delaware. Em abril de 1917, entrou para o exército e treinou para servir na Primeira Guerra Mundial, voltando depois da guerra para se pós-graduar em Delaware, em junho de 1919.

O tempo que Mitchell serviu ao exército marcou-o profundamente. "A única coisa que sei", ele diria depois de seu retorno do *front*, "é que NUNCA terei nada a ver com a guerra"[8]. Enquanto estava na França como tenente, viu muitos de seus homens serem mortos e feridos. Ele mesmo quase morreu devido a um envenenamento por gás e ferimentos graves. Foi enviado para *Pangues les Eaux* e *St. Armand*[9] a fim de se recuperar e, apesar de ter implorado aos seus oficiais comandantes para ser mandado de volta ao *front*, e acreditar com veemência na "inestimável causa" da Primeira Guerra Mundial, a experiência transformou Mitchell em um ardente pacifista.

Mitchell voltou para os Estados Unidos depois da guerra e foi morar na pequena cidade de Ellerbe, na Carolina do Norte, onde aceitou seu primeiro emprego como professor. Foi em Ellerbe que, pela primeira vez, ele se empenhou para atenuar as fronteiras entre comunidade e escola. Em vez de ensinar "matérias", Mitchell pediu a seus alunos que descobrissem o que sua pequena cidade precisava. O currículo surgiu, então, das necessidades da cidade (MITCHELL, 1925). Isso incluiu construir a própria escola. Ele e os moradores da cidade, inclusive seus alunos, levantaram dinheiro para comprar a terra e o material para a escola. Usaram arbustos das florestas das redondezas para o jardim da escola. "Mesmo os guindastes com os quais ergueram grandes vigas, pesando uma tonelada cada, foram planejadas por eles [os alunos]", relembra Mitchell (Ibidem, p. 499). Em seu primeiro ano em Ellerbe, gradualmente, elevou a população da escola de meros doze alunos até o bastante para requerer três professores. De acordo com seu próprio relato, mais ou menos metade dos graduados na *Ellerbe School,* continuaram estudando para se tornar professores. Mitchell achava que isso se devia ao fato de que o ensino que haviam experimentado na escola estava vinculado ao

---

[8] Entrevista com a sobrinha de Mitchell, Alice Blachly, filha de sua irmã, Mary Clifford, em fevereiro de 1997.

[9] Isso foi, provavelmente, uma fusão do que deve ter sido St.-Amand-les-Eaux: uma pitoresca vila com banhos termais, localizada no departamento do norte, próximo aos campos de batalha.

propósito de melhorar a comunidade. O método se provou durável. Um artigo escrito, em 1937, na *Reader's Digest*, descreve como as experiências de ensino da escola e o desenvolvimento da comunidade ainda estavam entrelaçados, aproximadamente 20 anos depois. "Eles aprendem fazendo", escreveu Robert Littell, autor que havia visitado Ellerbe.

> O currículo perambula por dentro da vida, saboreia grandes pedaços dela e volta para a sala de aula, permanentemente enriquecido. Vi uma turma passar um de seus períodos aplicando testes de sangue nas galinhas de um vizinho, e outra que saiu ao ar livre para estudar César e lutar com os Helvécios nas areias da Carolina do Norte. Vi uma aula de um professor de aritmética em que as crianças estavam perto de estabelecer um banco com dinheiro impresso pela tipografia da escola [que também servia como fonte de material impresso para a cidade].[10]

Tais relações sinérgicas entre escola e comunidade, nos quais o desenvolvimento da comunidade era o trabalho da escola e de seus alunos, e o desenvolvimento dos alunos era o trabalho da comunidade, permaneceram importantes ao longo da carreira de Mitchell.

Mitchell obteve o doutorado no *George Peabody College for Teachers*, na Universidade Vanderbilt, em Nashville, em 1926. Nessa época, também estudou, durante um ano, com John Dewey, na Faculdade *Columbia Teachers*. Foi sua exposição a Dewey, às idéias de Dewey, e àquelas de William Kilpatrick que primeiro deram a Mitchell a segurança de que o tipo de ensino que ele havia promovido em Ellerbe foi não apenas legítimo, mas também enunciado e endossado pelos principais filósofos da educação do país[11]. Em particular, baseou-se na crença de Dewey de que educação era a reconstrução da experiência por

---

[10] Robert Littell, "Ellerbe Learns by Doing", Reader's Digest, junho de 1937, p. 39–41.

[11] Presume-se que ele também estava em contato com George Counts e Harold Rugg, ambos os quais eram professores do Teachers College quando Mitchell estava lá como aluno, e mais tarde como professor no New College experimental, de Columbia, entretanto não há evidência de contato direto no relatório. Também não há evidência de contato entre Mitchell e Rachel David DuBois, que também estava no Teachers College nessa época, embora seja de se admirar que eles não tenham se cruzado. DuBois, como Mitchell, era extremamente interessada em educação intercultural e relações grupais, tanto entre diferentes países como no próprio EUA. Eles foram contemporâneos no Teachers College.

meio de um processo de reflexão e na aplicação de Kilpatrick da teoria de Dewey sobre método de projetos. O método de projetos colocava o "ato intencional", uma atividade alinhada com as metas da própria criança, em um "ambiente social" que levava em consideração o bem-estar do grupo. Tais visões percebiam o mundo não como estático, com um conjunto fixo de fatos a memorizar, mas como mutável, no qual o conhecimento estava constantemente sendo reconstruído.

Mais tarde, Mitchell encontraria Theodore Brameld, diretor de Pedagogia na Universidade de Boston, um reconstrucionista social que também o inspirou. Brameld foi um dos principais autores das reformulações de educação progressista depois da Segunda Guerra Mundial (BRAMELD, 1950; CHILDS, 1950; BERKSON, 1958; CREMIN, 1961)[12]. O reconstrucionismo era baseado nos ideais progressistas de Dewey, era dirigido a questões sociais, e adotava o ideal de criar uma sociedade melhor e uma democracia mundial[13]. Em uma filosofia que prenunciava a de Paulo Freire, Brameld defendia que somente por meio da educação a pessoa comum poderia se capacitar para compreender, questionar e, finalmente, desafiar as estruturas de poder que decidiam seu destino. Ele acreditava que era função das escolas se estruturarem de maneira que tal ensino acontecesse.

Antes de finalmente vir para a Escola Putney, em 1950, Mitchell também lecionou na Faculdade *Florence Teachers*, em Florence, no Estado do Alabama; foi diretor da Escola Park, em Buffalo, no estado de Nova York; viajou para a Europa, onde estudou no Instituto de Estudos Internacionais, em Genebra, e participou de duas comunidades internacionais em Americus e Macedonia, no Estado da Georgia. Todas essas experiências e seu contato com os principais pensadores progressistas de seu tempo ajudaram a moldar a escola que a Putney se tornaria[14].

---

[12] Brameld, Childs e Berkson foram as vozes mais apaixonadas da reformulação da educação progressista que se seguiu à Segunda Guerra Mundial.

[13] Deborah B. McKay, "New Foundations", 2001, http://www.newfoundations.com/GALLERY/Brameld.html

[14] Depois de 15 anos na PGS, Mitchell aceitou um cargo de presidente do recém-fundado World College, em Long Island, onde permaneceu até sua aposentadoria, no final dos anos 1970.

A Escola Putney para Formação de Professores

A Escola Putney para Formação de Professores, também conhecida como *Glen Maples*[15], foi fundada em 1950, por Carmelita Hinton, então diretora da Escola Putney, um estabelecimento particular progressista, preparatório para a universidade, em Putney, Vermont. Hinton concebeu a Escola Putney nos termos do Programa de Formação de Professores *Shady Hill*, em Cambridge, Massachussets, onde lecionou. *Shady Hill* funcionava sob a direção de Katharine Taylor, que foi para lá depois de ocupar um cargo de professora na Escola Francis W. Parker, em Chicago. O modelo de *Shady Hill* para a formação de professores colocava o aluno no centro da vida da escola. Sendo um programa progressista, a discussão focalizava amplamente as crianças e seu aprendizado. Como colocou Taylor, eles não perguntavam "o que ensinei hoje?", mas "o que os alunos aprenderam?" e prestavam atenção à diferença entre essas duas perguntas.

Mitchell veio para *Glen Maples* por recomendação de Edward Yeomans, um colega e amigo de Hinton, em *Shady Hill*, que havia conhecido Mitchell na *Macedonia Cooperative Comunity*, no Estado da Georgia. No entanto, para surpresa e, muitas vezes, desapontamento tanto de Hinton como do Conselho de Professores, logo que Mitchell iniciou seu trabalho, conduziu a Escola Putney em uma direção diferente daquela que Hinton e seu corpo docente esperavam. A tensão subjacente entre Mitchell e a Escola Putney, indubitavelmente, juntou-se às outras tensões que os alunos experimentaram durante a época que estavam em *Glen Maples*. Mitchell buscou introduzir os alunos em experiências que provocassem neles a reflexão sobre si mesmos e suas crenças, as escolas, os sistemas escolares e, principalmente, sobre a sociedade e seus problemas. Isso promoveu autoconhecimento, aprendizado com outros na comunidade, trabalho para a mudança social com uma perspectiva global e reflexão sobre a experiência, como meios para desenvolver uma consciência que os elevasse além das fronteiras do eu e do conforto do familiar. Hinton e o Conselho eram progressistas mas estavam procurando por alguma coisa mais

---

[15] A Escola Putney estava localizada em uma parte de uma propriedade chamada Glen Maples. Muitos dos seus alunos ainda se referem à escola por aquele nome. Neste texto, uso Escola Putney e Glen Maples, alternadamente.

convencional e familiar – um programa que prepararia os professores para ensinar seus alunos.

Mitchell recrutou alunos de países tão diversos como Índia, Paquistão, Suécia, Quênia, Jamaica e Haiti. Cada classe era multirracial e internacional, e incluía homens e mulheres, alunos de cidades grandes e de áreas rurais, alunos do extremo sul dos Estados Unidos, com famílias e alunos solteiros, e alunos procedentes da classe operária ou da classe média. Quando os alunos não podiam pagar pelo ensino, Mitchell encontrou benfeitores, conseguiu empréstimos sem juros, ou simplesmente permitiu que freqüentassem o curso gratuitamente[16].

Mitchell projetou o programa de forma que o currículo era, na maior parte, determinado pelos próprios estudantes e orientado por seus interesses. Mas o currículo era também definido por Mitchell e sua visão do que o mundo precisava. Essa permaneceu uma das tensões essenciais no programa. Ele acreditava em um currículo centrado no aluno que respeitasse as necessidades e os interesses dos alunos e, contudo, estava apaixonadamente preso a mudar o mundo de acordo com seus valores. De modo geral, acreditava que o mundo estava "em crise": as armas nucleares estavam se multiplicando, a riqueza era desigualmente distribuída, a exploração da terra era desenfreada e, o principal, as pessoas de cor eram oprimidas. Com a intensificação do Movimento dos Direitos Civis, nos anos 1950 e 1960, os alunos de *Glen Maples* tiveram a oportunidade não apenas de estudar o preconceito racial e a mudança social, mas também de viver no meio de ambos. Os alunos eram atraídos para dentro desse currículo e mudados por ele. Ao mesmo tempo, o currículo muitas vezes parecia incluir seu próprio desejo de aprender "como" ensinar.

Mitchell acreditava que o ensino significativo começa com o autoconhecimento. Ensinar uma criança em um "mundo em crise" demanda habilidades e interesses tradicionais dos professores, mas também

> novos interesses e habilidades: um amplo conhecimento do mundo e de seus povos, um envolvimento com os problemas humanos, a habilidade de liderar outros para o conhecimento e o

---

[16] Esta foi outra fonte de atrito entre Mitchell, Hinton e o Conselho. The Mitchell papers, #3832 na Southern Historical Collection, Biblioteca da Universidade da Carolina do Norte, em Chapel Hill.

envolvimento; uma profunda percepção da unidade fundamental da espécie humana e, ao mesmo tempo, de sua diversidade vitalizadora, e a necessidade e capacidade para comunicar essa percepção; uma compreensão inteligente da natureza viva do aprendizado e das maneiras de estimular essa atividade; menos tangível mas da maior importância, esse auto-conhecimento e consciência fornecerão uma base constante e segura para a interação de um ser humano com outros, de modo que eles também conquistem consciência e a segurança do profundo autoconhecimento.[17]

Mitchell muitas vezes disse a seus alunos que "um professor ensina o que um professor é... Para saber o que ele está fornecendo, [um professor] deve conhecer a si mesmo tão profundamente e honestamente quanto possa"[18]. Para esse fim, exigiu dos alunos que "testassem seus propósitos trabalhando para pô-los em prática", documentando essas atividades em um *portfolio*, chamado "arquivo acumulativo", e se reunindo regularmente tanto com ele como com seus colegas de classe para "sessões de orientação" focalizadas no trabalho deles[19].

Formar seus alunos apenas nas habilidades básicas para o ensino era, evidentemente, uma meta muito limitada para Mitchell. Um diploma universitário da Putney, escreveu ele, "demonstrava a preparação e prontidão [de um graduado] para liderança em uma escola, um projeto de comunidade, um organismo social, uma organização industrial, ou alguns outros lugares onde a educação pode ajudar na reconstrução da sociedade humana"[20]. Mitchell acreditava que adultos, diferentemente das crianças, precisavam ser lembrados de que suas ações podiam ter um impacto no mundo.

> "A maioria das crianças", escreveu, "pode encarar e acolher positivamente o fato de que podem mudar seu ambiente, de que suas próprias ações podem ser aquelas da reconstrução social. Por outro lado, muitos adultos acham que é quase impossível aceitar o potencial para mudar o que existe dentro deles"[21].

---

[17] Do Catálogo da Putney Graduate School of Teacher Education, (s.d.), p. 3-4.
[18] Entrevista com John Stevens, em 20 de fevereiro de 1995.
[19] Do Catálogo da Putney Graduate School of Teacher Educatio, (s.d.), p. 8.
[20] Do Catálogo da Putney Graduate School of Teacher Educatio, (s.d.), p. 1.
[21] Do Catálogo da Putney Graduate School of Teacher Educatio, (s.d.), p. 4.

Achava, veementemente, que a maneira de formar professores para tal papel era mergulhá-los em experiências que iriam modificá-los emocionalmente, compeli-los a compreender profundamente e, em última análise, levá-los a agir para mudar os contextos nos quais viviam e trabalhavam.

O programa, que geralmente ia de setembro a junho[22], incluía seminários em que os alunos examinavam abordagens progressistas, "reconstrucionistas" e tradicionais da educação, e idéias importantes como decadência e renovação urbana, sustentabilidade ambiental e direitos civis (Ver BRAMELD, 1950). Além disso, havia viagens curtas e longas ao que Mitchell chamava "lugares de revolução silenciosa" – escolas progressistas, lotes de reflorestamento sustentável na região rural de Vermont, e assentamentos de casas[23], na cidade de Nova York. Havia também aprendizagens escolhidas pelos alunos. Essas aconteciam nas escolas progressistas elementares e médias, como a Escola Putney, em escolas não tradicionais para adultos, como o Centro Comunitário Penn, em *Sea Islands*, ou a Escola Highlander, em organismos sociais, como os dos assentamentos de casas, em Nova York, e outros lugares onde a promoção da mudança social por meio da educação era uma prioridade. O ano terminava com uma síntese final do aprendizado dos alunos por meio da redação de uma dissertação de mestrado. Os últimos dias do programa consistiam de avaliações minuciosas do próprio programa e sugestões para o ano seguinte feitas pelo grupo[24].

Como era de se esperar, não havia notas em *Glen Maples*. Em vez disso, os alunos mantinham pastas que incluíam autobiografias, esboços

---

[22] O programa tinha muitas configurações diferentes, inclusive um programa de dois verões e uma opção de janeiro a setembro, e provavelmente formou cerca de 150 alunos. É difícil saber precisamente por que praticamente não foi guardado nenhum registro de matrícula ou de formaturas. No final, o programa nunca foi credenciado, fato que causou a seus graduados um certo pesar; vários seguiram em frente para completar a pós-graduação em outros programas de mestrado. Perto de 1953, o programa se separou da Escola Putney e era visto por outros como uma nobre experiência, embora, de certo modo, um lugar menos efetivo para formar professores para a sala de aula. Quando a PGS foi comprada pelo Antioch College, em 1965, e se tornou a Putney Antioch, abandonou sua forte ênfase em justiça social e retomou a visão da pedagogia dentro das quatro paredes da sala de aula.

[23] Settlement Houses é uma forma de organizar a comunidade de maneira que as classes média e alta vivam nas comunidades operárias vizinhas ou na mesma comunidade que os pobres da região central e advoguem por melhores condições sociais e de trabalho (Nota do tradutor).

[24] Algumas dessas avaliações foram gravadas em fita e fazem parte do registro histórico. Em todos os casos, elas foram usadas para planejar o programa do ano seguinte.

de planos a curto ou longo prazo, trabalhos escritos de seminários, narrativas de viagens no diário e reflexões sobre a vida e o aprendizado cotidianos. Mitchell via esses "arquivos acumulativos" como o lugar em que a reflexão estruturada sobre a experiência aconteceria. A descrição, a seguir, reflete intimamente a própria descrição de Dewey do processo de reflexão (Ver DEWEY, 1933; RODGERS, 20002)

> O "arquivo acumulativo" é de grande importância. Documenta, para cada aluno, seu próprio aprendizado: o encontro de obstáculos e sua análise preliminar; a escolha das possibilidades mais promissoras; o teste de uma ou várias dessas possíveis soluções; a eventual resposta a que se chegou e o progresso que essa resposta tornou possível. Enquanto reconstrução de tais experiências, a escrita do "arquivo acumulativo" constitui, em si mesma, uma atividade de aprendizado vital[25].

O arquivo forneceu também um ponto de partida para se investigar e articular a filosofia educacional dos futuros professores. O mais importante para Mitchell é que ele serviu como a base a partir da qual os alunos agiriam para mudar a sociedade[26]. Mitchell escreveu,

> Ao chegar a sua própria filosofia, espera-se que [o aluno] estude e avalie as filosofias dos outros, sempre sob a luz da crescente consciência de si mesmo, do mundo que o rodeia e de seus problemas, das potencialidades da educação de ajudar ou induzir a reconstrução da sociedade[27].

Embora o currículo fosse gerado pelo aluno, Mitchell, de fato, tinha um método. Esse se derivou de sua compreensão de Dewey e do conceito de reconstrução da experiência por meio da reflexão sistemática de Dewey[28]. Então, enquanto as experiências mudariam de

---

[25] Catálogo da Putney Graduate School of Teacher Education, (s.d.), p. 8.

[26] Os portfolios agora estão guardados nos arquivos do escritório do arquivista, no Antioch College, em Yellow Springs, Ohio. Eles foram úteis como manancial arquivístico significativo para este estudo.

[27] Catálogo da Putney Graduate School of Teacher Education, (s.d.), p. 14-15.

[28] Dewey definiu educação como "aquela reconstrução ou reorganização da experiência que se soma ao significado da experiência, e que aumenta a habilidade [de alguém] para direcionar o curso da experiência subseqüente". Essencialmente, Dewey define educação como um verbo, em vez de um substantivo. Fazendo isso, também nos deu uma definição de aprendizagem (Ver DEWEY, 1916).

acordo com o ano e com o grupo, o método de aprendizado com base nelas permaneceria consistente.

Mitchell achava que todas essas experiências de ensino – os seminários, viagens curtas e longas, aprendizagens, reuniões com ele e os "arquivos acumulativos" que documentavam – constituíam uma base a partir da qual os alunos aprenderiam como ensinar. Acreditava que "o método de ensino [estava] no aprendizado". Ele supunha que a imersão de seus alunos em tais experiências de ensino traduzir-se-ia, naturalmente, em uma compreensão do que e de como ensinar; suposição que me parece um pouco limitada. Suas visões dão a impressão de que estavam mais focadas na formação de seres humanos do que, propriamente, na formação de professores. Embora possa ser discutido (como Mitchell o fez, de forma persuasiva) que não há diferença entre essas duas formações – pois, ensinamos quem nós somos – há elementos da pedagogia que devem ser aprendidos e não apenas absorvidos "por osmose". Os rudimentos do ensino e uma compreensão do aprendizado podem ser encontrados no fenômeno da aprendizagem, mas eles não se apresentam de maneira espontânea, eles devem ser trazidos à tona com a orientação daqueles que refletiram sobre a relação ensino-aprendizado e a vêem claramente. Há bastante evidência de que Mitchell realmente via essa relação com clareza, mas sua prioridade era que seus alunos compreendessem questões sociais em vez de pedagogia. Dada a ênfase do currículo em questões sociais, como podemos compreender o ensino e o aprendizado que realmente aconteceu na PGS? Examino essa questão a seguir.

Onde estava o ensino e o que era o aprendizado?

Para tentar compreender o ensino e o aprendizado que aconteciam na Escola Putney, investigarei as várias dimensões explícitas (questões sociais contemporâneas) e implícitas (aprendizado e ensino) dos conteúdos que eram trabalhados na Escola Putney, o papel de Mitchell e o que e como os alunos relatam que aprenderam[29].

---

[29] Tomei emprestada esta estrutura – aluno, professor e conteúdo – do clássico artigo de David Hawkin, "I, Thou, and It", que representa, respectivamente, cada elemento (HAWKINS, 2002).

Os conteúdos

Havia três dimensões para os conteúdos da Escola Putney. A primeira era explícita e as outras duas mais implícitas. A primeira dimensão compreendia temas como racismo, direitos civis, não-violência, desenvolvimento sustentável e educação para o letramento – em resumo, os conteúdos eram derivados do contexto social contemporâneo. Os conteúdos também consistiam em atividades por meio das quais se aprendia de uma maneira processual: viver como uma pequena comunidade, viver como um grupo de raças e nacionalidades misturadas, ponderar reflexivamente sobre a experiência e examinar a história e as crenças pessoais de alguém. Todas essas áreas estão claramente delineadas no catálogo da escola e registradas nos trabalhos escritos de Mitchell, nos documentos dos alunos, gravações das autobiografias dos alunos e entrevistas de graduação.

A segunda e terceira dimensões dos conteúdos, comuns a todos os programas de formação de professores, eram compreender como as pessoas aprendem e aprender a ensinar. Apesar desses dois níveis fazerem também parte da primeira dimensão, apareciam de maneira pouco clara no catálogo, nos trabalhos escritos de Mitchell, nos documentos curriculares existentes ou nos trabalhos dos alunos. Compreender como as pessoas aprendem resultaria do fato de serem aprendizes; compreender como ensinar, da mesma forma, estaria supostamente acoplado às experiências de aprendizado dos alunos.

Os alunos da Escola Putney eram, antes de tudo, aprendizes – isto é, aprendizes da primeira dimensão dos conteúdos: as questões sociais. Porque, como disse Mitchell, "o adulto aprende pelo mesmo processo que a criança"[30], os alunos da Escola Putney estavam aprendendo da mesma maneira que Mitchell pensava que todos os alunos deveriam aprender: por meio da experiência direta com problemas sociais que precisavam de soluções. Essas experiências consistiam em profundos confrontos com a sociedade, o eu e o outro, que forçavam o compromisso nos níveis mais intensos, tanto o intelectual como o emocional. A suposição era que para se compreender como as pessoas aprendem, precisa-se apenas refletir sobre suas próprias experiências como aprendizes. As noções de ensino também estavam implícitas

---

[30] Catálogo da Putney Graduate School of Teacher Education, (s.d.), p. 4.

nessas experiências. "Os métodos de ensino estão no próprio ato de ensinar", escreveu Mitchell[31]. Em outras palavras, precisa-se apenas examinar o ensino que se experimentou como um aprendiz na Escola Putney, para discernir os métodos de ensino apropriados para serem usados. Desse modo, o que aprender e ensinar, como se encarregar de aprender, e como organizar o ensino, era tudo inseparável das experiências que os alunos da *Glen Maples* tinham.

Está claro, tanto com base nos relatos escritos como nas entrevistas, que o mais importante para Mitchell era o primeiro nível dos conteúdos – os problemas contemporâneos e suas soluções. Ele também se interessava profundamente por uma forma de ensino específica que foi moldada pelas próprias experiências como aprendiz e professor, e por seus mentores, inclusive seu pai, John Dewey, Theodore Brameld, Myles Horton, William Kilpatrick e outros pensadores progressistas/reconstrucionistas. Suas idéias sobre educação existiam a serviço de ideais maiores, ou seja, a transformação da sociedade. Significativamente, ele também se interessava profundamente por seus alunos. Muitos deles me relataram o "grande amor" que demonstrava por eles[32].

Para os alunos de *Glen Maples*, as metas eram sempre mais modestas. Muitos queriam apenas um certificado de professor[33] e algumas habilidades para serem capazes de lecionar de maneira efetiva dentro do sistema existente – coisa que Mitchell, francamente, tinha pouco interesse. Assim, para os alunos, os conteúdos que eles buscavam existiam nos níveis mais tácitos do currículo mais explícito de Mitchell. Sobre isso repousa uma tensão substancial. O que Mitchell colocava em primeiro plano (questões sociais) era, para muitos alunos, um veículo, embora importante, para alcançarem o que mais interessava a eles: o conhecimento sobre ensino e aprendizado. E o que eles mais valorizavam (conhecimento didático e habilidade para ensinar) era, para Mitchell, um veículo, embora importante, para

---

[31] "The Purposes and Principles and Hope of this School" (um relatório escrito para potenciais financiadores, em junho de 1958). The Mitchell Papers, Southern Historical Collection, Biblioteca da Universidade da Carolina do Norte, em Chapel Hill.

[32] A força do amor de Mitchell foi enfatizada por quase todos com que conversei. Dois dos graduados que entrevistei admitiram ter deficiência de aprendizagem e se referiram à fé de Mitchell em suas habilidades e à aprendizagem prática do programa como pontos decisivos no seu aprendizado e na imagem de si mesmos como aprendizes.

[33] Sob a direção de Mitchell, a Escola Putney nunca foi oficialmente credenciada.

promover a mudança social. De vez em quando, Mitchell se frustrava pelo fato de seus alunos não partilharem inteiramente de suas prioridades. Isso é evidente em uma carta que escreveu a dois egressos:

> Esperei, por muito tempo, da parte dos alunos, para perceberem a importância desses conceitos emergentes que, tenho certeza, deveriam ser entendidos por aqueles que irão ajudar a viabilizar o mundo que devemos ter, se é que vamos ter um mundo habitado de algum modo[34].

Embora os alunos reconhecessem a importância das questões com as quais Mitchell se importava tão profundamente (e, francamente, poucos vieram para a PGS sem intenção de lecionar), a maioria queria aprender como ensinar. O potencial para tal aprendizado era extraordinário porque estava acoplado às experiências vividas em Putney. As experiências como aprendizes nas viagens de estudo e nos seminários, bem como as observações de aulas na Escola Putney e em outras instituições progressistas, forneceram dados suficientes para a reflexão sobre o aprendizado e o ensino. Eles podem ter explorado, com Mitchell e entre si, outras questões importantes para os professores, que surgiram diretamente de suas experiências: como diferentes pessoas do nosso grupo aprendem? Qual é o processo de aprender experimentalmente, fora das quatro paredes da sala de aula? Como isso difere de outras formas de aprendizado? O que se ganhou e o que se perdeu com tal aprendizado? Qual é a estrutura e o papel da reflexão no aprendizado? E então, passando do aprendizado para o ensino: quais são as implicações para o ensino das respostas a essas perguntas? Como um professor estrutura uma experiência bem-sucedida? Como o pensamento reflexivo pode ser ensinado efetivamente? Tal ensino poderia acontecer nas escolas existentes? Se não, que tipos de condição são necessários? Qual o papel do professor nesse tipo de educação? Como pode ser mudada a relação professor-aluno? Como alguém decide trabalhar em conjunto com a comunidade? Embora haja evidência de aprendizado com respeito a diferentes abordagens do ensino (a saber, os livros de Brameld, algumas leituras de Dewey,

---

[34] De Morris Mitchell para Happy e Jane Traum, em 31 de janeiro de 1964. Morris Mitchell papers, Southern Historical Collection, Universidade da Carolina do Norte, em Chapel Hill.

conversas com William Heard Kilpatrick, assim como um curso de Psicologia), há menos evidência da aplicação desse conhecimento para suas experiências como aprendizes, tornando explícito o implícito.

Essas questões representam oportunidades perdidas. Embora exista evidência de uma compreensão integrada dessas questões, há pouca evidência de uma compreensão ordenada e concatenada entre as questões, o aprendizado e o ensino. As experiências dos alunos, enquanto aprendizes, permaneceram fragmentadas, como em uma colcha de retalhos, pois, muito freqüentemente, nunca eram classificadas, ordenadas, analisadas ou reunidas em qualquer projeto pedagógico explícito.

Um educador de convicção e um currículo "por escolha"

Mitchell lutou com dois desejos conflitantes: que os alunos assumissem responsabilidade pelo próprio aprendizado e que aceitassem a paixão dele por mudar o mundo. Embora os alunos fossem certamente influenciados pelas convicções de Mitchell e mudados por suas experiências, poucos abraçaram explicitamente a bandeira do reconstrucionismo logo que saíram da PGS, o que, no fundo, deixou Mitchell desapontado, mesmo que o compromisso com as questões de justiça social permanecesse implícito nas escolhas das carreiras dos egressos[35].

Ao estruturar um currículo que permitia aos alunos ampla liberdade, Mitchell gostaria de ver cumprida sua nobre visão de um mundo mais justo e mais eqüitativo, mas, ao mesmo tempo, apoiava alunos cujos planos, não necessariamente, combinavam com os seus, talvez porque parecia incapaz ou relutante de desistir de sua prática e de refletir sobre ela. Ele não foi tão hábil em ajudar os alunos a "olharem para trás" e refletirem sobre o aprendizado e o ensino inerentes a suas experiências na Escola Putney. Mitchell parecia, em alguns momentos, perder a lucidez, ao permitir que os alunos rejeitassem o que ele acreditava tão apaixonadamente, pois confiava que aquilo fazia parte do que significava assumir responsabilidade pelo próprio aprendizado.

---

[35] Dos onze ex-alunos que entrevistei, cinco lecionaram em escolas públicas ou privadas, no ensino fundamental, três lecionaram no nível universitário, dois foram ativistas políticos e uma se tornou jornalista, especializada em temas da educação, e depois criou sua própria fundação de artes na educação.

Ele precisava ser capaz de manter seu compromisso, simultaneamente, com a mudança e com o aprendizado de seus alunos. Comprometendo-se com o aprendizado deles, arriscava-se a nunca chegar à mudança que tanto desejava. Todavia, ironicamente, por se agarrar tão firmemente àquele desejo, corria o risco de que esse nunca fosse alcançado.

Isso deixava os alunos na estranha posição de serem, ao mesmo tempo, autorizados e subjugados. A sobrinha de Mitchell, Ellen Mitchell, descreve a habilidade que ele tinha de atingir diretamente o cerne de seu aprendizado e, ao mesmo tempo, afastá-la:

> Ele colocava você exatamente no limite do conhecimento. Ensinava-lhe o que você não sabia, fazendo perguntas que a forçavam para dentro de você mesma em busca [das respostas] ... "O que sei sobre isso? Nada! Como me sinto sobre isso?" E então, se você não conseguisse responder, passaria os próximos cinco anos de sua vida tentando entender como responderia àquela pergunta... [E contudo] eu não podia [ir à escola dele] e eu sei que isso sempre o desapontou. Ele tomava isso como muito pessoal... Mas eu sabia que ele simplesmente me impressionaria; eu me tornaria uma cópia carbono de Morris e, então, passaria um período até mesmo mais difícil para descobrir a mim mesma[36].

Se voltarmos ao axioma de Mitchell de que "em última análise, todo professor ensina quem ele é", estaremos diante de um paradoxo. Ele acreditava intensamente na liberdade de escolha do aluno e na importância do autoconhecimento, mas também insistia que eles escolhessem o que ele queria e parecia inconsciente do impacto que a força de sua personalidade tinha naquelas escolhas. Todavia, há ampla evidência de que Mitchell não era um tirano. Ele agia sempre de acordo com uma posição de amor. Um aluno colocou isso da seguinte maneira:

> Ele era uma pessoa dominadora. Era muito, muito determinado, [mas] muito gentil [também]. Eu diria que é como ter punhos de ferro com luvas de veludo. Ele não era muito flexível. Sabia o que queria fazer e seguia em frente e fazia. Mas era uma pessoa extraordinária. Havia [seu] óbvio amor pela humanidade[37].

---

[36] Entrevista com Ellen Mitchell, em junho de 1996.

[37] Entrevista com John Stevens, em 20 de fevereiro de 1995.

O que os alunos aprendiam

Apesar da tensão acima descrita, e também como resultado dela, os alunos disseram que aprenderam grandes lições na Escola Putney. A evidência se situa menos no trabalho que fizeram durante aquele ano, mas nas suas últimas reflexões sobre o ano e a percepção que tiveram de seu impacto sobre os anos subseqüentes. Os alunos indicaram que suas perspectivas sobre educação e o mundo mudaram, como resultado de estarem naquela Escola. Ironicamente, parece que Mitchell, de várias maneiras, conseguiu, ao final, aquilo que ele queria. Essa carta de um aluno egresso é representativa das experiências de muitos outros.

> A experiência da PGS foi a mais significativa e mais compensadora [e] útil de toda a minha educação formal. O programa interdisciplinar integrado, enfatizando as pesquisas sociológicas, e a liberdade de seguir meus interesses... tornou o meu trabalho na Putney parte do meu modo de vida. Aplico minhas experiências constantemente... Sou constantemente desafiado pelo conceito de educação da Putney, como uma ferramenta para a definição e solução das crises do mundo[38].

Além disso, os alunos aprenderam como pensar por si mesmos e a tomar providências para responder as próprias questões. No início do seu primeiro ano letivo, na PGS, Arthur Meyer, um professor em licença da Escola Park, de Buffalo, descreve como se adaptou à idéia de que era mestre do próprio aprendizado. No "arquivo acumulativo" a seguir, ele descreve, claramente, o esforço que estava fazendo para dar conta das "tarefas", dos "prazos finais" e dos "padrões" estabelecidos por outra pessoa, em vez de trabalhar de uma forma mais autônoma:

> [Numa discussão com Mitchell] ficou decidido que, até amanhã, eu deveria escrever uma autobiografia, uma auto-análise, um projeto de longo prazo e um projeto de curto prazo... quando fui para meu quarto para trabalhar depois do jantar, ainda estava pensando naquele trabalho escrito como uma tarefa, em vez de

---

[38] Joyce Gammon, classe de 1960, carta a Todd Bayer, em 29 de maio de 1968. Da carta de Gammon a Todd Bayer, em resposta a um pedido de informação de ex-alunos, em 3 de maio de 1968. Morris Mitchell papers, Southern Historical Collection, Universidade da Carolina do Norte, em Chapel Hill.

uma parte do próprio pensamento ou do que eu mesmo queria fazer. Também ainda estava pensando em termos de uma "data limite" para esse trabalho em relação ao seminário de amanhã de manhã. Além disso, estava olhando para os outros folhetos de orientação como o padrão que eu tinha que alcançar de imediato, em lugar de simplesmente começar de onde eu estava nesse momento e permitir que isso de fato refletisse meu crescimento... Li vários folhetos e então comecei a pensar na minha posição e a analisar as razões pelas quais eu estava aqui e o que eu realmente esperava realizar... Logo percebi que eu era capaz de começar a organizar meus pensamentos e me senti completamente livre para liberar meus verdadeiros sentimentos sobre mim mesmo e esse trabalho.[39]

Outro egresso, John Stevens, continuou lecionando engenharia em uma universidade da Flórida. Em uma entrevista, aproximadamente 50 anos mais tarde, descreveu seu aprendizado e como ele o transmitiu para seus alunos.

> Havia uma confiança que surgiu de ter tido aquele ano único – lendo e percebendo que eu podia aprender por mim mesmo. Essa confiança de aprender o que eu queria aprender, em Glen Maples, e ter a liberdade [de fazer isso] ... deu-me a confiança de que seria uma valiosa experiência para [meus] alunos partilharem o ensino comigo. Eu não estava essencialmente interessado em fatos e figuras, tanto quanto estava em que eles aprendessem a pensar e a compreender representações maiores... para serem capazes de integrar a informação[40].

Os ex-alunos também comentavam, recorrentemente, sobre a ligação entre a educação, a vida e a filosofia do reconstrucionismo de Mitchell. Mary Guftason, que teve parte de seu aprendizado em uma prisão do Tennessee, depois de um encontro com a *Ku Klux Klan* local, enfatizava, em sua avaliação, a distinção entre a marca da educação de *Glen Maple* e o ensino mais tradicional baseado na acumulação de técnicas. Ela confessa ter se tornado uma "reconstrucionista":

> A PGS ajudou a derrubar muitas barreiras no meu pensamento para focar diretamente em *educação*, em vez de técnicas e métodos

---

[39] Arthur Meyer, arquivo acumulativo, relatório, em 6 de julho de 1953.
[40] Entrevista com John Stevens, em 20 de fevereiro de 1995.

que a Faculdade Lesley tinha como um currículo de quatro anos. Dessa forma, fui capaz de integrar grande parte da minha vida em um foco educacional... A PGS transformou-me numa reconstrucionista! Foi a experiência educacional mais importante que tive, basicamente moldando totalmente minha perspectiva.[41]

A seção seguinte examina as experiências dos alunos em um aspecto do currículo da PGS, a viagem de estudo, que ilustra o tipo de experiência de aprendizado e ensino que acontecia fora das quatro paredes da sala de aula.

A VIAGEM DE ESTUDO

Para esta pesquisa, entrevistei onze ex-alunos de *Glen Maples*, da primeira (1951) à última turma (1965), e de muitas outras turmas nesse período[42]. A definição dos entrevistados foi basicamente determinada em função daqueles que pude localizar, aproximadamente, cinqüenta anos mais tarde. No entanto, acredito que o grupo que entrevistei, em linhas gerais, é representativo daqueles que freqüentaram *Glen Maples*. O grupo consistiu em homens e mulheres, cidadãos americanos e alunos estrangeiros, negros e brancos, aqueles que amaram o programa e aqueles que sofreram com ele, embora eu, normalmente, pudesse encontrar ambos na mesma pessoa.

A viagem de estudo reunia todos os aspectos do programa. Ela forçava os alunos a viverem, viajarem e tomarem decisões, juntos, como uma comunidade, e os colocou cara a cara com problemas sociais como o racismo e a devastação ambiental, mas também com silenciosos, ainda que poderosos, esforços de mudança social.

---

[41] Da carta de Gustafson a Todd Bayer em resposta a uma solicitação, datada de 3 de maio de 1968, de informação sobre ex-alunos. Morris Mitchell papers, Southern Historical Collection, Universidade da Carolina do Norte, em Chapel Hill.

[42] Dos dados relatados no registro, parece ter havido cerca de 10 a 15 alunos a cada ano, quase sempre uma mistura de raças, nacionalidades, idades, e sexos, incluindo muitos homens que vieram com suas famílias, aproveitando-se da GI Bill. Encontrar ex-alunos foi um exercício de trabalho de detetive, porque não há nenhuma associação de ex-alunos da Escola Putney, ou qualquer documentação do que aconteceu com os alunos depois que se graduaram. Fui capaz de localizar onze ao todo, durante o ano em que fiz essa pesquisa. Esses onze egressos representam quase todos os anos em que a PGS funcionou. (GI Bill: lei que, entre outras coisas, concedia aos veteranos da Segunda Guerra Mundial, facilidades para freqüentarem faculdades ou escolas vocacionais – Nota do tradutor).

Inevitavelmente, colocou os alunos em contato consigo mesmos – suas crenças e visões, tanto nobres como perturbadoras.

A viagem de estudo, geralmente, direcionava-se ao extremo sul dos Estados Unidos. Embora duas viagens nunca fossem as mesmas, elas partilhavam o tema da mudança social por meio da educação. Nas próximas páginas, apresento uma breve visão do primeiro semestre letivo e da preparação para a viagem e, então, reúno episódios de várias viagens diferentes, extraídos dos registros de Mitchell, dos "arquivos acumulativos" dos alunos e de relatos em entrevistas.

A viagem de estudo servia como um laboratório para as idéias apresentadas no primeiro semestre letivo (ou seja, uma introdução à educação reconstrucionista – Brameld, Dewey e Kilpatrick – e uma visão geral das atuais preocupações sociais), tanto em termos dos movimentos sociais que a viagem examinava quanto da estrutura educacional que a viagem representava.

Cynthia Parsons, uma aluna da sexta turma de *Glen Maples* e seu grupo viajaram para o sul dos EUA, na primavera de 1956, aproximadamente dois anos após a famosa decisão da Suprema Corte sobre Brown *versus* Conselho de Educação (em 17 de maio de 1954). Ela e seus doze colegas de classe[43] lotaram dois furgões da Volkswagen para ver o significado daquela decisão para o Sul.

De acordo com Parsons, antes de preparar a viagem, o grupo, junto com Mitchell, havia definido algumas coisas: em qualquer lugar em que comessem ou dormissem, teriam que aceitar todo o grupo; sempre comeriam dentro de algum lugar, em vez de optarem por uma refeição para viagem; e confrontariam qualquer agressão racial com a não-violência[44]. No caso desse grupo, eles não esperaram muito para colocar suas decisões à prova. De acordo com Parsons, o *chef*, no primeiro restaurante que foram, em Maryland, saiu da cozinha e dirigiu-se a John F., o aluno afro-americano do grupo. Segurando uma longa faca de açougueiro no rosto de John F., ele gritou: "Tire a

---

[43] Esses incluíam cinco mulheres e sete homens: um indiano, um afro-americano, dois suecos e um suíço; graduados pelo Hunter College, Bard College, Goddard College, Principia, Universidade de Chicago, McGill, Sara Lawrence, Brooklyn College, Universidade de Basel e Case Institute of Technology. Todos os alunos tinham entre 24 e 39 anos.

[44] Entrevista com Cynthia Parsons, em março de 1997.

p... do seu traseiro preto fora daqui!"[45] Em vez de arriscar, colocando John F. e o grupo em perigo, eles decidiram deixar o restaurante.

Mais tarde, em outro incidente na Georgia, um homem branco dirigindo um caminhão cheio de estrume, seguiu Parsons e John F. O homem jogou pás cheias de estrume no casal quando passava por eles. John F. e Parsons, mantendo sua promessa de não-violência, continuaram andando.

Parsons disse que Mitchell usou esses incidentes e outros semelhantes para "ampliar os limites" de compreensão do grupo. Ele constantemente fazia perguntas de sondagem: o que levaria um homem a fazer uma coisa como aquela? Quais são as estruturas na comunidade que podem ter influenciado seu comportamento? Como aquilo fez você se sentir? Quais as diversas maneiras com que poderíamos ter respondido?[46] Perguntas como essas colocavam os alunos "no limite do seu conhecimento, por extraírem das profundezas emocionais de sua experiência recente". Segundo um dos relatos, havia "uma necessidade perceptível" de buscar sentido a tais experiências.

Naquele segundo dia, o grupo viajou, aproximadamente, 385 quilômetros, de Bergen, no Estado de Nova Jersey, até Washington, D.C. Partiram às 7h30 da manhã e pararam às 21h30 daquela noite, com visitas a quatro cidades diferentes. No dia anterior, o grupo dirigiu de Putney para a cidade de Nova York, visitou as Nações Unidas, lá participou de uma reunião informativa, encontrou-se com William Heard Kirkpatrick, em sua casa, na *Morningside Drive*, jantou no *Teachers College*, e se reuniu com um senhor chamado Mike Giles, em Englewood, Nova Jersey, para falar sobre "análise do episódio de conflito com referência às atuais tensões sociais no Sul". Finalmente, chegaram em Bergen, alegres mas exaustos. Dois destinos convencionais das viagens de estudo eram: a Escola Popular Highlander de Myles Horton, em Monteagle, no Estado do Tennessee, e as Escolas de Cidadania, ao longo da costa da Carolina do Sul. Mitchell admirava a concepção de educação de Horton. Para ele, tal concepção era a melhor tradução do casamento entre educação e mudança social – um ideal reconstrucionista. Myles Horton foi um homem de princípio

---

[45] Entrevista com Cynthia Parsons, em março de 1997.
[46] Entrevista com Cynthia Parsons, em março de 1997.

combinado com ação. O trabalho mais significativo de Horton foi com os sindicatos de trabalhadores, nos anos 1930 e 1940, e com o Movimento dos Direitos Civis, nos anos 1950 e 1960.

O grupo da viagem de estudo se reuniu com Horton, assistiu a seus seminários e ouviu as fitas dos seminários. Uma delas era a de Rosa Parks, que foi treinada em Highlander, "dizendo como ela, estando cansada e desgostosa, deu aquele primeiro passo que resultou no boicote dos ônibus de Montgomery"[47].

Highlander também foi responsável por ajudar a fundar as Escolas de Cidadania, dos anos 1950 e 1960. As Escolas de Cidadania foram abertas para que adultos, principalmente os negros do Sul, tivessem um lugar onde poderiam aprender a ler e assim serem capazes de votar[48]. Bernice Robinson, uma esteticista[49], participante da Highlander, e sobrinha de Septima Clark[50], foi a primeira professora dessas escolas pioneiras. Com base na pedagogia de Clark, que procurava "ensinar [às crianças] as palavras que usavam todos os dias", sem ajuda, desenvolveu uma abordagem de alfabetização que ainda hoje é

---

[47] Dos "Relatórios sobre a viagem de estudo a escolas, comunidades e desenvolvimento regional do Sul, de 1º de novembro a 8 de dezembro de 1956". Rosa Parks, a mulher negra que se recusou a dar seu lugar a um homem branco, em um ônibus, em Montgomery, Alabama, e que produziu o boicote dos ônibus de Montgomery, em 1955, tem sido geralmente retratada como uma mulher negra, sozinha e cansada que, finalmente, ficou de saco cheio e tomou uma atitude. Na verdade, ela esteve em Highlander, cerca de duas semanas antes de tomar aquela atitude em Montgomery. Ela havia sido treinada lá, em formas não violentas de protesto, e havia todo um movimento de pessoas comuns organizado por detrás dela, muitas das quais também tinham um histórico em Highlander (Ver HORTON, 1990).

[48] Testes exigindo que os eleitores fossem "liberados" antes de poderem votar foram estabelecidos pelos governos estaduais e estavam entre o grupo de leis conhecido como leis Jim Crow, projetado para impedir que os afro-americanos fossem capazes de exercer seu direito de votar. Os testes de letramento muitas vezes exigiam que os eleitores negros realizassem tarefas absurdas, tais como pronunciar palavras fictícias ou citar as capitais dos estados. Citar a Constituição dos Estados Unidos na íntegra e de cor era um dos testes mais exigentes que existiram no final dos anos 1960.

[49] As escolas foram inicialmente dirigidas por donas de salão de beleza negras. Donas de salão de beleza tinham grande prestígio nas comunidades afro-americanas do Sul. Elas geralmente eram educadas e seus negócios, próprios e auto-administrados, eram centros da comunidade (HORTON, 1990).

[50] Septima Clark era uma figura chave de Highlander. Era uma mulher negra de Sea Islands, que foi educada no Teachers College, em 1930, e, mais tarde, em Highlander. Trabalhou incansavelmente pelos Direitos Civis e, com o tempo, ajudou Horton a dirigir o Centro (HORTON, 1990).

considerada inovadora, embora nunca tenha sido atribuída a ela. Sobre esse trabalho, Horton escreveu:

> Bernice e os alunos desenvolviam o currículo dia-a-dia. Eles aprenderam a escrever cartas, fazer pedidos de catálogos e preencher ordens de pagamento. Eles inventaram histórias sobre os vegetais que cultivavam e as ferramentas que usavam.
>
> "Eles me contam uma história", a Sra. Robinson nos disse [em Highlander], "uma história que eu ponho no papel, então eles podem aprender a lê-la. É a história deles, nas palavras deles, e eles estão interessados porque é deles"[51].

Os alunos da Escola Putney visitaram uma dessas escolas, em Frogmore, na Ilha de Santa Helena, ao largo da costa do norte da Georgia. Peter Terry, um aluno da turma de 1963, escreveu entusiasmado sobre sua experiência na escola de Frogmore, patrocinada pela *Southern Christian Leadership Conference* (SCLC), fazendo, claramente, as próprias conexões entre o que experimentou lá e as idéias que recebeu de seus alunos na Escola Putney:

> As aulas do curso de formação de professores da SCLC eram exposições tão estimulantes da verdadeira dinâmica do ensino que eu mal podia acreditar com os meus olhos e meus ouvidos. É exatamente sobre isso que conversávamos na Putney: isso é a reconstrução da educação. Uma abordagem resoluta e direta ao problema educacional, conduzida com vigorosos e claros procedimentos, passo a passo, para ter o trabalho realizado sem desvios e discursos pretensiosos. A intrigante técnica de ensinar perguntando, não respondendo, é maravilhosamente demonstrada por Dorothy Cotton. Ela diz, "professores não respondem, e sim, perguntam; esta é a arte do ensino. Deixar os alunos refletirem intensamente sobre um ponto, com o professor apenas orientando-os para manterem o foco; deixá-los testemunharem e ensinarem a si mesmos. Então, eles nunca esquecerão".[52]

Não é difícil entender que a participação em um evento, historicamente e pessoalmente tão significativo, cujo propósito se estendia

---

[51] A abordagem descrita aqui é hoje um aspecto chave da linguagem integral ou da abordagem de experiência da linguagem para leitura e escrita (HORTON, 1990, p. 103).

[52] Peter Terry, "The Sea Islands", arquivo acumulativo do grupo de 1963–1964, p. 92. Coleção particular de Todd Bayer.

para além daqueles envolvidos na verdadeira formação da sociedade, causaria um impacto tão forte a ponto de radicalizar os participantes. Estar lá era importante. Terry foi capaz, nas palavras de Woodhouse e Knapp's (2000), de "conectar o lugar com o eu e a comunidade".

Outro destino comum na viagem era Ducktown, no Estado da Georgia. Ducktown era uma cidade arruinada pela mineração de cobre. Em todos os relatos, a devastação de Ducktown, até então abandonada e "sangrando pela erosão do seu solo de argila vermelha", era horripilante. "Cavernas do inferno!", escreveu Hugh Corbin. Nenhuma vegetação, quase nenhuma vida de qualquer espécie e uma pobreza terrível. A injustiça das tristes condições de vida daqueles que moravam em Ducktown, comparada com aqueles que vieram, exploraram o minério e se enriqueceram, deixando para trás quase nenhuma prosperidade, deixou o grupo de Corbin muito revoltado. "Nenhum volume de leitura", escreveram, "poderia deixar tal impressão... Se uma imagem realmente vale mais do que mil palavras, então, uma experiência vale mais do que mil livros"[53]. Continuaram,

> Enquanto dirigimos pelas planícies vermelhas e secas da Georgia, vimos os rostos dos negros assustados, que viviam em pobres barracos sem pintura, o sol brilhando através das tábuas apodrecidas. Mas a pouco mais de trinta metros dessas miseráveis habitações, vimos a bonita casa de tijolos do proprietário da terra[54].

Essa experiência foi contraposta por visitas à Represa Guntersville, da *Tennessee Valley Authority* (TVA). O acesso à eletricidade que resultava de um uso sustentável de recursos naturais, bem como a beleza natural da região, contrastava com a devastação ecológica e a disparidade econômica de Ducktown. No entanto, há evidências no registro e nas entrevistas de que os alunos nem sempre partilhavam com Mitchell de sua paixão pela TVA. "Aquelas malditas represas", como classificou uma aluna. As questões ambientais ressoavam menos nos alunos do que aquelas dos direitos civis, talvez porque os direitos civis fossem mais obviamente humanos em dimensão e diretamente aplicáveis à própria experiência deles, enquanto as represas e a

---

[53] Peter Terry, "The Sea Islands", arquivo acumulativo do grupo de 1963–1964, p. 92. Coleção particular de Todd Bayer.

[54] Dos "Relatórios sobre a viagem de estudo a escolas, comunidades e desenvolvimento regional do Sul, de 1º de novembro a 8 de dezembro de 1956", p. 10.

mineração a céu aberto pareciam muito grandes e muito distantes de suas experiências.

Uma das experiências mais impactantes do grupo, com os direitos civis, foi a improvisada viagem a Montgomery, no Alabama, em dezembro de 1956, para participar do primeiro aniversário do boicote dos ônibus que lá aconteceu. Aparentemente, um membro do grupo saiu para visitar Montgomery, por conta própria[55]. Inspirado pelas oficinas inter-raciais sobre protestos não violentos que ele havia presenciado em Highlander, o aluno se sentiu motivado para ver de perto os resultados desse trabalho. Ele não apenas testemunhou o boicote dos ônibus como também teve a oportunidade de falar diretamente com Martin Luther King Jr. e Ralph Abernathy. Ele estava tão feliz por esse contato e pelo que presenciou em Montgomery que voltou e perguntou ao grupo se não queriam retornar lá com ele. No arquivo acumulativo do grupo, os alunos escreveram a respeito do processo pelo qual eles decidiram ir a Montgomery e sobre a experiência em si. O processo de tomada de decisão democrática do grupo e o currículo centrado no aluno representaram dois outros aspectos da experiência da viagem de estudo. Por exemplo, o grupo anotou na sua descrição colaborativa da viagem:

> Quando essa mensagem foi trazida de volta para o grupo, surgiu uma situação que é indicativa do tipo de educação que é oferecida em *Glen Maples*... O grupo se sentou e pesou [razões para não ir] contra a real oportunidade de se estudar, concretamente, como um princípio criativo, o princípio da resistência não-violenta, estava sendo aplicado de uma maneira construtiva e como estava ocasionando a mudança social... Naquele momento, sentimos muito fortemente o valor de uma educação em que os alunos e os professores, em uma dada e muito real situação... assumem juntos a responsabilidade pela formulação do programa. O currículo está "emergindo", ele se desenvolve pelas circunstâncias e é adaptável às necessidades do grupo de alunos. Este caso particular é apenas um exemplo do que acontecia, com muita freqüência, dentro da estrutura geral do programa da Escola Putney. Foi desse modo que o Dr. Martin Luther King se tornou o professor dessa escola por uns poucos dias[56].

---

[55] Essas saídas repentinas era uma característica da Escola Putney. As viagens convencionais eram muito bem planejadas, mas também havia espaço para os interesses pessoais.

[56] Do arquivo acumulativo de Anne Fines, "Relatórios sobre a viagem de estudo ao Sul, de 1º de novembro a 8 de dezembro de 1956", p. 17. Arquivos da Faculdde Antioch, em Yellow Springs, Ohio.

Isso é uma evidência irrefutável de alunos assumindo o papel de protagonistas, primeiro, de seu aprendizado, segundo, do currículo e terceiro, por efetuarem mudança no lugar e tempo em que habitavam. E mesmo não havendo dúvidas de que essa experiência fora realmente impactante, pelo menos um aluno questionou se o processo de tomada de decisão foi, de fato, democrático. Corbin confidencia que, quando chegavam às "decisões", a palavra deveria sempre ser colocada entre aspas. "Morris tomava as decisões e, então, algumas vezes, passava horas, ou mesmo dias, tentando levar um ou dois dissidentes a concordarem. Nós rapidamente aprendemos a seguir em frente e poupar tempo"[57]. Isso poderia ser uma evidência da forte vontade de Mitchell ou poderia também ser uma má interpretação de Corbin sobre o método de consenso, que se derivava do conhecimento que Mitchell tinha das práticas e crenças de Quaker.

Não obstante, parece ter sido um momento no qual os alunos sentiram que a missão da escola e a realidade se mesclavam. A citação, a seguir, do arquivo do grupo, contém as palavras de King, mas têm o toque de Mitchell (e, conseqüentemente, talvez, dessa época na história). Para eles:

> A compreensão da história do [Dr. King] e sua interpretação da atual situação eram surpreendentemente alinhadas com essa escola. "Aqueles de nós que vivem no século XX são privilegiados por viverem num dos períodos mais importantes da história humana. Essa é uma época emocionante, cheia de esperança. É uma época na qual uma nova ordem social está nascendo. Estamos hoje entre dois mundos – o velho que morre e o novo que surge".[58]

Havia, evidentemente, uma linguagem evangélica e um espírito da época que não eram exclusivos de Mitchell. Por meio de um gesto louvável, tão poderoso como seria um encontro com King, Mitchell teve o cuidado de que seus alunos conversassem com proponentes de visões antagônicas, ou talvez, essa tenha sido uma maneira de ressaltar a importância do trabalho de King. Para esse fim, ele promoveu uma reunião com Sam Englehardt, senador do Estado do Alabama e secretário executivo do conselho estadual dos Cidadãos Brancos, que foi

---

[57] Hugh Corbin, correspondência por e-mail com o autor, em 15 de maior de 1997.
[58] Do arquivo acumulativo de Anne Fines.

criado para a oposição à integração das escolas depois da questão Brown *versus* o Conselho de Educação. Os alunos acharam a reunião "mais que impressionante". Caracterizaram o senador como "arrogante, ignorante, suspeito e extremamente defensivo" e acharam a visita "desconcertante e patética"[59]. Parece que, em lugar de refinar sua compreensão, o encontro dá a impressão de ter delineado um perfeito retrato do bem e do mal. Embora ninguém discutisse sobre quem estava no lado certo, a complexidade das questões – medo, ameaças econômicas, ordem social ameaçada ou cumplicidade inconsciente – aparentemente, continuaram inexploradas. Mesmo assim, o impacto emocional da visita é inegável.

Mitchell complementou essas visitas com discussões com dois acadêmicos locais, um deles, um sociólogo que estava estudando o efeito do protesto não violento nos participantes do Movimento dos Direitos Civis, e o outro, um professor de religião que discutia o papel que o Cristianismo desempenhava no movimento[60]. Além disso, o grupo foi alojado com "proeminentes famílias Negras" na cidade. A discussão com esses homens e mulheres, todos envolvidos com o Movimento dos Direitos Civis, aumentou ainda mais a compreensão dos alunos. Eles deixaram Montgomery com um sentimento de que o sucesso do Movimento dos Direitos Civis dependia não de um grupo em especial, mas "das massas de pessoas que encontraram nova dignidade e unidade em seu protesto construtivo contra a injustiça. Os ônibus circulam vazios pelas ruas de Montgomery e somente as massas podem mantê-los vazios"[61].

Para um membro do grupo, Anne Fines, a viagem a Montgomery foi a visita mais significativa da viagem de estudo, mas ainda ficou em segundo plano em relação à sua experiência de viajar pelo Sul, em um furgão, com um grupo inter-racial. Por ser uma sulista, o "laboratório de relações humanas", que a parte das "relações

---

[59] Do arquivo acumulativo de Anne Fines.

[60] Que Mitchell fosse capaz de apelar para essas pessoas, em prazo relativamente curto, corrobora o fato de que ele parecia conhecer todo mundo. Os alunos sempre comentavam que ele tinha contatos em todo lugar, especialmente, no sul dos Estados Unidos.

[61] Do arquivo acumulativo de Anne Fines, "Relatórios sobre a viagem de estudo ao Sul, de 1º de novembro a 8 de dezembro de 1956", p. 19. Arquivos da Faculdade Antioch, em Yellow Springs, Ohio.

raciais" representou na viagem, possuiu um sentido especial para ela. Relacionava-se com o próprio passado, sua presente consciência de si mesma e seu futuro como professora (Fines lecionou durante 40 anos em uma escola elementar do sul de Vermont). A profundidade do conteúdo emocional da experiência levou-a a "reconstruir" seu passado como sulista e, na essência, a mudar seu relacionamento com aquele antigo eu. Na passagem que segue, ela dá sentido àquele passado e às suas próprias reações. Expressa a importância de trazer à luz suposições há muito consolidadas, enfatizando o papel que a emoção e a interação inter-racial genuína tiveram em sua transformação.

> [A situação racial] era, para mim, uma experiência verdadeiramente educacional. Por situação racial não quero dizer apenas Montgomery. Montgomery, como uma experiência isolada, teria tido muito menos significado. Minha "educação" veio de experimentar Montgomery dentro do contexto de nossa experiência inteira como um grupo inter-racial. Tendo crescido como uma sulista, enquanto criança, absorvi a visão sulista em relação ao negro. No entanto, uma mudança como [a que experimentei] parece envolver muito mais as emoções do que a mente... Enquanto [crescia], vivi dentro de um grupo para quem a discriminação era um pressuposto básico. Nunca fui capaz de conhecer, ou mesmo encontrar, o negro sulista em uma situação social.

Ela continua para descrever como foi tirada de si mesma e da esfera de sua experiência passada por viver e trabalhar junto com pessoas diferentes dela. Além disso, foi capaz de relacionar a "anulação do Negro" com o contexto social – segregação e racismo – que a causou.

> Essa viagem me apresentou, pela primeira vez, a uma experiência direta da tragédia e da anulação dos negros causada pela [segregação e racismo]. Pela primeira vez tive uma compreensão emocional do efeito da segregação na visão de um ser humano sobre si mesmo. Isso decorreu tanto da experiência de viver e viajar como um negro [vive e viaja], como por vir a conhecer alguns membros da comunidade negra de Montgomery e discutir as próprias experiências com eles. Tais experiências podiam não ajudar mas viabilizam uma mudança pessoal.

Finalmente, ela faz a ligação de sua consciência com o dever de agir.

> Acho que a pessoa comum resistirá a qualquer ameaça ao *status quo*. Ela não mudará suas atitudes a menos que seja forçada por algum tipo de pressão. Uma incrível situação imoral existe hoje, a qual deve ser corrigida. Não é apenas correto fazer isso, é uma séria responsabilidade.[62]

Na viagem, Fines não apenas se deparou com a realidade das situações, mas também encontrou a si mesma. Ela me contou uma história de terem lhe pedido para cortar o cabelo de Corbin, seu colega de classe afro-americano. "Eu me peguei sentindo revoltada, e fiquei tão envergonhada", disse ela. Ela e Corbin eram amigos próximos e, contudo, essa antiga e profunda reação, aprendida durante anos de escuta de outras vozes, colocou-a em contato inegável com a verdade do próprio preconceito. Mas, o que importou, não foi tanto o fato de haver o preconceito, mas seu reconhecimento dele e seu esforço para vencê-lo e superá-lo, com o amor e o respeito que sentia por Corbin. Parece-me que isso tem a ver com o verdadeiro trabalho de transformar a alma: colocar os alunos em relacionamentos com outros diferentes deles, dentro do contexto de locais e eventos convincentes (fora da sala de aula) e, em última análise, com eles mesmos. Como resultado de suas experiências, evidentemente, Fines se sentiu responsável "de dentro para fora", ao invés de sentir isso em função de padrões de responsabilidade externamente impostos.

Em uma seção de conclusão do arquivo acumulativo do grupo na viagem de estudo, do outono de 1956, os alunos listaram as formas pelas quais a viagem havia sido valiosa. No meio da lista de 22 itens, havia o seguinte: (1) a compreensão da imperativa necessidade de conservar nossos recursos naturais, como responsabilidade para as gerações futuras; (2) a consciência da evidente discrepância de riqueza e pobreza lado a lado; (3) a compreensão de que a educação é tão ampla quanto a vida e um processo que continua para sempre; (4) a crença de que a escola e a comunidade são interagentes [e que] uma deve construir a outra[63].

---

[62] Anne Fines, "Evaluation of the TVA Study Tour, 1956", p. 4. Arquivos da Faculdade Antioch, em Yellow Springs, Ohio.

[63] Dos "Relatórios sobre a viagem de estudo a escolas, comunidades e desenvolvimento regional do Sul, de 1º de novembro a 8 de dezembro de 1956", p. 25-26.

O grupo concluiu sua avaliação sobre a viagem observando que ela havia sido transformadora. Não apenas eles tinham conhecimento que não possuíam antes, mas também mudaram como pessoas e como aprendizes em função do conhecimento que ganharam e das formas pelas quais o adquiriram:

> Todo o nosso ser reagiu nessa intensa experiência de aprendizagem. Fortalecemos nossa crença em considerar os dois lados das questões e em desenvolver soluções por meio da compreensão e cooperação. O efeito sobre nós é tão complexo e profundo que se torna impossível transmiti-lo completamente por meio de palavras escritas.[64]

CONCLUSÃO: LIÇÕES PARA A FORMAÇÃO DE PROFESSORES NOS DIAS DE HOJE

Formar um professor é uma tarefa enorme e sempre incompleta. A escola Putney para Formação de Professores não forneceu uma solução ao problema de como formar professores para a justiça social, mas nos deu pistas de como a formação docente deve fazer para preparar professores que realmente se preocupem com o ensino para a justiça social.

Embora muitos programas atuais de formação de professores defendam uma postura crítica, insistindo que seus estagiários se comprometam a levar em consideração as "conseqüências políticas e sociais de [seu] ensino" (ZEICHNER; LISTON, 1996), a maneira como esses futuros professores chegarão a manter esses compromissos permanece uma questão. E se eles não se importarem com isso quando se tornarem professores? A reflexão profunda sobre tais questões é suficiente para despertar uma consciência social adormecida ou criar uma onde não existe nenhuma? A experiência da Escola Putney sugere que o compromisso com questões de justiça social não advém dos requisitos do programa, mas de um lugar de autoridade interior que é a conseqüência da transformação individual e que tal transformação é o resultado dos encontros com questões da época, por meio do contato direto com pessoas e lugares que incorporam aquelas questões. Para que a

---

[64] Dos "Relatórios sobre a viagem de estudo a escolas, comunidades e desenvolvimento regional do Sul, de 1º de novembro a 8 de dezembro de 1956", p. 26.

mudança seja permanente, para que as almas sejam transformadas, os futuros professores devem ter experiência direta com questões contemporâneas obrigatórias, comprometer-se com a reflexão interior e pública, explicitar as próprias necessidades e planos, e ser orientados por formadores de professores e mentores que estejam fazendo o mesmo – todos os quais darão a eles o discernimento sobre si mesmos, a sociedade na qual vivem, e instituições nas quais trabalham e os fundamentarão na autoridade da própria experiência.

Referências bibliográficas

BERKSON, I. B. *The Ideal and the Community*. Nova York: Publisher, 1958.

BRAMELD, T. *Ends and Means in Education*. Nova York: Holt, Reinhart & Winston, 1950.

BRAMELD, T. *Toward a Reconstructed Philosophy of Education*. Nova York: Hugh Holt & Co., 1955.

CHILDS, J. L. *Education and Morals*. Nova York: Publisher, 1950.

COCHRAN-SMITH, M. *Walking the Road: Race, Diversity and Social Justice in Teacher Education*. Nova York: Teachers College Press, 2004.

COHEN, D. Practice and Policy: Notes on the History of Instruction. In: WARREN, D. (Org.). *American Teachers: Histories of a Professional at Work*, Nova York: American Educational Research Association & Macmillan Publishers, 1989, p. 394-398.

COOK-SATHER, A. *When Education Is Translation: Changing Metaphors, Changing Selves*. Philadelphia: University of Pennsylvania Press, 2006.

CREMIN, L. A. *The Transformation of the School*. Nova York: Vintage Books, 1961.

DARLING-HAMMOND, L.; FRENCH, J. e GARCIA-LOPEZ, S. P. (Orgs.). Learning to Teach for Social Justice. Nova York: Teachers College Press, 2002.

DEWEY, J. *How We Think*. Boston: Houghton Mifflin, 1933.

DEWEY, J. *Democracy and Education*. Nova York: Free Press, 1916.

FREIRE, P. *Pedagogy of the Oppressed*. Nova York: Seabury Press, 1970.

GRUENEWALD, D. Teaching and Learning with Thoreau: Honoring Critique, Experimentation, Wholeness, and the Places Where We Live, *Harvard Educational Review*, vol. 72, n. 4, 2002, p. 515–41.

GRUENEWALD, D. The Best of Both Worlds: A Critical Pedagogy of Place, *Educational Researcher*, vol. 32, n. 4, 2003, p. 3–12.

HAWKINS, D. *"I, Thou, and It", The Informed Vision: Essays on Learning and Human Nature*. Nova York: Algora Publishing, 2002.

HORTON, M. *The Long Haul: An Autobiography*. Nova York: Doubleday, 1990.

KEGAN, R. *The Evolving Self: Problem and Process in Human Development*. Cambridge, MA: Harvard University Press, 1982.

KOLB, D. *Experiential Learning: Experience as the Source of Learning and Development*. Englewood Cliffs, NJ: Prentice Hall, 1984.

LADSON-BILLINGS, G. *Crossing Over to Canaan*. San Francisco: Jossey-Bass, 2001.

LISTON, D. e ZEICHNER, K. *Culture and Teaching*. Mahwah, NJ: Erlbaum, 1996.

MEZIROW, J. et. al. *Learning as Transformation: Critical Perspectives on a Theory in Progress*. San Francisco: Jossey-Bass, 2000.

MITCHELL, M. R. Mine Own People, *Atlantic Monthly*, vol. 136, n. 4, 1925, p. 496–502.

NIETO, S. Placing Equity Front and Center: Some Thoughts on Transforming Teacher Education for a New Century, *Journal of Teacher Education*, vol. 51, n. 3, 2000, p. 180-187.

RODGERS, C. *Morris Mitchell and The Putney Graduate School of Teacher Education, 1950–1964*. Harvard Graduate School of Education, 1998 (Tese, Doutorado em Educação).

RODGERS, C. *Reflection in Teacher Education: A Study of John Dewey's Theory and the Practice of Katharine Taylor and Lucy Sprague Mitchell*. Harvard Graduate School of Education, 1996 (Trabalho de qualificação).

RODGERS, C. Defining Reflection: Another Look at John Dewey and Reflective Thinking, *Teachers College Record*, vol. 104, n. 4, 2002, p. 842–66.

TYACK, D. *The One Best System*. Cambridge, MA: Harvard University Press, 1974, p. 270, 275-276.

TYACK, D. e CUBAN, L. *Tinkering Toward Utopia: A Century of Public School Reform*. Cambridge, MA: Harvard University Press, 1995, p. 52.

WEILER, K. Teacher Education and Social Justice, *Radical Teacher*, Fall 2002, http://www.findarticles.com/p/articles/mi_m0JVP/is_2002_Fall/ai_92840302.

ZEICHNER, K. e Liston, D. *Reflective Teaching: An Introduction*. Mahwah, NJ: Erlbaum, 1996, p. 59.

Justiça social na formação docente: fardo invisível para o professor de cor

Jean Moule

> *É como se todos nós estivéssemos em um rio que corre calmo e suave. A maior parte dos meus amigos, alunos e colegas flutua nesse rio, em um barco forte e firme com o seu status de cultura dominante – um barco onde não posso entrar porque não sou Branca. O rio, nossa corrente social predominante, é aceito e dificilmente percebido. Eu tento nadar ou flutuar ao lado do barco enquanto estou aprendendo como navegar nessa corrente. De vez em quando, alguém no barco repara em meu empenho e arremessa uma bóia ou segura brevemente a minha mão. E então, às vezes, alguém estende a mão e empurra minha cabeça para baixo com um "Simplesmente supere essa coisa de raça, Jean." Eu cuspo a água, volto à superfície e sigo em frente. Na longa corrida, calculo que faz sentido construir uma balsa para mim. Então, enquanto converso com os que estão no barco e avançamos juntos por difíceis corredeiras, ao mesmo tempo preciso me amarrar em qualquer tipo de material de apoio que consiga encontrar. A reação? "Ei, por que razão Jean tem uma balsa?" Quando eu digo "Porque não posso entrar no barco com vocês e estou ficando cansada de ficar boiando sem algo que me ajude a flutuar", alguns dizem, "Que barco?"* (Moule, 2003, p. 3 – adaptado do registro no Diário, em 19 de novembro de 2001).

Em instituições predominantemente brancas, os afro-americanos, muitas vezes, arcam com um fardo maior do que aquele pré-definido para seus cargos. Enquanto pesquisadores têm investigado o papel singular de afro-americanos na educação superior (COOK, 1996; DILLER; MOULE, 2005; JONES, 2001; KING; CASTENELL, 2001; LADSON-BILLINGS, 1997; MABOLEKA; GREEN, 2001; MOULE, 2004; POWELL, 1999; RICHARDSON; VILLENAS, 2000; TURNER; MYERS, 2000), este estudo aprofunda a compreensão desse papel, por meio da análise do trabalho de uma mulher afro-americana, em um programa de formação de professores, em uma grande instituição de pesquisa do noroeste dos Estados Unidos.

Como mulher afro-americana, e professora assistente, examino a descrição do meu cargo e as tarefas por mim assumidas, em um período de cinco anos. Foco, especialmente, as mudanças que ocorreram, no nosso programa de formação inicial de professores, na medida em que nosso corpo docente se empenhou para colocar em prática uma proposta de justiça social. Como avançamos juntos por essas corredeiras? Que impacto o estabelecimento de nossa perspectiva de justiça social teve em meu papel de professora e em minha pessoa, como um indivíduo de cor?

Cenário e participantes

Como a proporção e o número de crianças de cor nas escolas do país e nos nossos distritos estaduais têm aumentado, também é maior a necessidade de professores com consciência e perspectivas multiculturais. Para o sucesso dos alunos de cor é imperativo que esses professores desenvolvam um fundamento e uma perspectiva de justiça social enquanto inscritos em nossos programas de formação docente, e levem essa perspectiva para as suas práticas de ensino.

A meta-análise de Sleeter (2001), a respeito dos esforços de se preparar alunos para trabalhar em ambientes diversificados, realça a esmagadora presença de pessoas brancas na educação. Por exemplo, meu colega se esforçou para selecionar uma população de alunos mais diversificada racialmente, dentro do programa de pós-graduação de formação de professores, contudo, a realidade é que a maioria dos alunos, em formação inicial, é branca. No ano letivo de 2003-2004, 95% do grupo dos nossos alunos em formação inicial eram brancos. O corpo docente também é esmagadoramente branco. Trabalhei na equipe de ensino fundamental de cinco professores titulares e de seis professores de tempo parcial, em uma Faculdade de Educação, com 30 membros do corpo docente. Sou uma das poucas pessoas de cor, em meu prédio, e sou uma dos apenas dez afro-americanos entre os 1.200 professores contratados ou efetivos da Universidade (Universidade do Estado de Oregon, 2002).

Nosso programa de Mestrado em Educação, com duração de um ano, começou em 1991. No início, houve um forte foco construtivista, reflexivo e interpessoal no programa. Em um determinado ponto, devido à necessidade de formalizar uma proposta para o processo de credenciamento do *National Council for Accreditation of Teacher Education* (NCATE), um membro do nosso corpo docente escreveu uma proposta para o nosso programa, com uma perspectiva de justiça social.

PERSPECTIVAS DE JUSTIÇA SOCIAL

Explicitamos uma visão de justiça social, logo na primeira página de nosso manual (*Professional Teacher Education Program*, 2002):

> O propósito da educação é promover uma sociedade democrática, baseada nos princípios de justiça social e eqüidade econômica. As escolas e a educação deveriam ser laboratórios para a democracia, onde adultos e crianças aprendem juntos a promover debates sobre questões e problemas, tanto de natureza cognitiva como de crítica social e trabalham juntos para encontrar as respostas para esses problemas... Uma tarefa fundamental da educação é auxiliar a capacidade e disposição dos alunos para analisarem a experiência, à medida que esta se relaciona com questões de justiça e eqüidade e, então, agirem para identificar injustiças ou problemas naquela experiência.

Quando aprovamos essa redação, houve pouca discussão sobre o que isso significaria, em termos da implementação, ou quem assumiria responsabilidades específicas para colocar em prática elementos daquela perspectiva. De fato, iniciamos, cada ano, com uma reunião para compartilhar e discutir a perspectiva. Individualmente, começamos a tecer um foco de justiça social em nossas disciplinas, com relevante processo de leituras e discussões. Juntos, exigimos alguma evidência de justiça social nos trabalhos finais de nossos alunos em formação inicial. Como parte dessa exigência, os futuros professores indicariam como promover e encorajar ações de justiça social com seus alunos.

Embora tenhamos chegado a algum consenso sobre a visão de justiça social do documento e esta como requisito para a obtenção do grau de licenciado, o corpo docente não conversou muito nem chegou a um acordo sobre como colocar em prática uma perspectiva de justiça social com os nossos alunos, como deveria ser a nossa orientação ou os nossos processos de seleção. Mesmo antes de aquela redação constar do manual, as diferenças visíveis e invisíveis entre nós – especialmente algumas baseadas em raça – influenciaram as percepções e definições de justiça social dos membros do corpo docente. Essas diferenças começaram a se tornar mais aparentes do que nunca, a partir do momento em que nos esforçamos para instituir nossa referência conceitual de justiça social (MOULE; WALDSCHMIDT, 2003).

Visões discrepantes de justiça social não são incomuns. Zollers, Albert e Cochran-Smith (2000) afirmam que "embora os membros do corpo docente abracem unanimemente a meta de 'ensino e formação de professores para a justiça social', defendem idéias amplamente variadas sobre o significado de justiça social" (p. 5). Justiça social pode significar qualquer coisa, desde "mudar opiniões individuais", em uma ponta do espectro, até "agir coletivamente", na outra (p. 5). Agir coletivamente foi, ao mesmo tempo, problemático e difícil em nosso programa. Quando a palavra "racial" é adicionada à "justiça social", os riscos são ampliados e a necessidade de ação por grupos ou indivíduos de cor pode ser intensificada. "Por conseguinte, a estratégia daqueles que lutam por justiça social racial é a de desmascarar e expor o racismo em todas as suas diversas permutações" (LADSON-BILLINGS, 2000, p. 264). Uma vez que a raça é uma parte imutável de quem sou, como afro-americana, a natureza *racial* da justiça social é, para mim, uma experiência intrínseca e uma expectativa automática. Eu preciso desmascarar essa dimensão.

Enquanto meus colegas brancos podiam trabalhar para a justiça social reconhecendo e desafiando noções socialmente aceitas de racismo – tais como, tomar uma posição pública e firme contra o racismo –, eu não podia. Thomas (2001) constatou como isso é verdadeiro nas mulheres que ela estudou: "Professoras universitárias afro-americanas e latinas vêem a missão pessoal de *mudança social* como parte fundamental de suas responsabilidades profissionais" (p. 82). Meus colegas não experimentaram ser uma pessoa de cor em nossa sociedade e tampouco podem reconhecer o racismo mais sutil, nem ter a mesma necessidade de lutar. Nossas percepções e interpretações diferentes conduzem a níveis distintos de compromisso e maneiras divergentes de trabalhar rumo às metas de nossa perspectiva de justiça social.

A tensão entre "mudar uma perspectiva" *versus* "agir" permeia as questões inerentes de carga de trabalho e ajuda a explicar os resultados do estudo. Visto que minha própria carga de trabalho aumentou esmagadoramente para mim, eu precisava entender por que nosso novo compromisso com a justiça social teve um efeito muito maior sobre mim do que sobre meus colegas. Havia uma responsabilidade compartilhada entre o corpo docente para a implementação da perspectiva de justiça social?

Referencial teórico

A teoria racial crítica (CRT)[1] "parte da noção de que o racismo... está tão emaranhado na trama da ordem social dos Estados Unidos que parece, ao mesmo tempo, normal e natural para as pessoas dessa sociedade" (LADSON-BILLIMGS, 2000, p. 264). A experiência de opressão e uma crítica ao liberalismo são outros componentes fundamentais de uma perspectiva CRT (LADSON-BILLIMGS, 2000). Esse referencial teórico nos ajuda a entender o sistema implícito que produziu as lutas e injustiças descritas neste estudo. O emprego da perspectiva múltipla/multiétnica, como foi desenvolvida por Hyun e Marshall (1997) e Selman e Schulz's (1990), no trabalho sobre emprego de perspectiva social, também nos ajuda a discernir como a raça desenvolve diferentes perspectivas. Embora essas estruturas sejam úteis, sou atraída pela teoria do desenvolvimento da identidade racial porque ela usa diretamente a raça em suas aplicações e porque seus estágios podem conduzir, mais rapidamente, à compreensão e soluções.

Com base nas teorias de desenvolvimento da identidade racial, de Cross (1971, 1995) e Helms (1990), desenvolvi o que chamo de "desenvolvimento de interação racial". É um esquema fácil de se ter em mente e partilhar com os outros, especialmente com os atarefados professores em serviço e os jovens graduandos. É simples de compreender e de lembrar e, acima de tudo, destaca o processo de interação que é proveitoso na investigação naturalista.

Helms (1990) define o desenvolvimento da identidade racial como "um sentido de grupo ou identidade coletiva, baseado na percepção

---

[1] CRT – Critical Race Theory (Nota do tradutor).

de alguém que compartilha uma herança racial comum com um grupo racial em especial... a teoria do desenvolvimento da identidade racial se preocupa com a implicação psicológica da associação ao grupo racial" (p. 3). No meu modelo de desenvolvimento da interação racial, chamo o primeiro estágio de "eu estou bem; você está bem". Isto corresponde aos estágios de pré-encontro/contato, encontrados nas teorias de desenvolvimento da identidade racial. É análogo à postura de "daltonismo" ou "vamos simplesmente ignorar raça". Nesse estágio, indivíduos de cor e indivíduos brancos "mantêm a ficção de que raça e associação ao grupo racial podem permitir ao indivíduo pensar que a raça não tem sido ou será um fator relevante" (HELMS, 2000, p. 23).

Chamo o segundo estágio de "alguma coisa não está bem". Isto corresponde aos estágios de encontro/desintegração, encontrados em Cross (1995) e Helms (1990). É um estágio desconcertante, no qual os indivíduos começam a questionar suas identidades raciais não verificadas anteriormente e as maneiras nas quais a raça importa, porque alguns "encontros" alarmantes abalam a visão de mundo que anteriormente defendiam.

Chamo o próximo estágio de "eu estou bem; não tenho certeza quanto a você". Nessa categoria, combino estágios de diferentes teóricos, incluindo raiva, negação, pseudo-independência, imersão, emersão. Quando necessário, amplio e defino esse estágio usando detalhes de vários modelos de desenvolvimento de identidade. Por exemplo, aqueles, em um estágio pseudo-independente (HELMS, 1990), que começam a desistir de suas suposições e a abandonar suas crenças na superioridade do branco, ainda podem falar e agir de uma maneira que, não intencionalmente, perpetua o sistema. Um dos enunciados ampliados no meu estágio de desenvolvimento da interação racial que pode exemplificar isso é "eu estou bem, portanto faça como eu digo", em que a hierarquia de raça implícita é inconsciente, porém é a única explicação razoável do tratamento diferente. Enunciados que protegem o *status quo*, tais como, "eu estou bem; mudar é muito complicado", também estão normalmente nessa categoria. Aqueles que estão no estágio de imersão/emersão, cercam-se de símbolos visíveis de sua própria identidade racial e, durante esse estágio, podem projetar uma atitude de "eu estou bem, você é invisível" em direção àqueles que não se parecem com eles.

Nomeei o último estágio de "eu estou bem, você está bem, estamos bem". Este estágio é equivalente ao estágio de autonomia, ou independente (CROSS, 1995; HELMS, 1990), em que as pessoas são continuamente abertas a novas informações e novas formas de pensar, e estão prontas para trabalhar em prol da mudança, de uma maneira mais completamente integrada[2].

Essa estrutura do desenvolvimento da interação racial focaliza na maneira como as pessoas podem interagir em diferentes estágios do desenvolvimento da identidade racial. Essa estrutura informa os estágios pelos quais meus colegas e eu vamos passar, em nossos esforços para colocar em prática uma perspectiva de justiça social. Como um referencial teórico, apóia a seguinte idéia: O "compromisso do pesquisador qualitativo de estudar o mundo sempre a partir da perspectiva dos indivíduos interagentes" (LINCOLN; DENZIN, 1994, p. 575).

METODOLOGIA

Perspectiva do pesquisador e validade

Este é um "auto-estudo" (do inglês, *self-study*) que se iniciou depois que precisei compreender minhas experiências. Limitei-me às minhas próprias experiências vividas e suposições, bem como à minha necessidade de manter uma atitude respeitosa com meus colegas de trabalho. Estou ciente de que pontos de vista diferentes influenciam o que pode ser "visto", mesmo antes de a análise começar. Por exemplo, à medida que eu reunia informações, perdi documentos? Da mesma forma, houve importantes momentos de tomadas de decisão, em nosso trabalho, que não registrei em meu diário e que desapareceram da minha memória? Por causa dos problemas de validade inerentes a um "auto-estudo" (FELDMAN, 2003), partilhei o material com colegas com quem havia trabalhado durante os cinco anos que eu desenvolvi a pesquisa. E enquanto "sempre há uma tensão entre esses dois elementos, o eu e a dimensão da prática, entre o eu em relação à prática e os outros que partilham o campo da prática" (BULLOUGH; PINNEGAR, 2001, p. 15), realmente acredito que "a experiência pessoal pode fornecer discernimento e soluções para questões e problemas públicos" (p. 15).

---

[2] Esses detalhes sobre a teoria da integração racial são adaptados de Moule, 2004, p. 148.

No final, "a 'validade' de uma história pode ser julgada por despertar nos leitores um sentimento de que a experiência descrita é autêntica e viva, crível e possível" (ELLIS, 1998, p. 129). Se o leitor encontra um indício de reconhecimento nos temas e nos padrões e é capaz de fazer a diferença em situações similares, então o estudo tem certa validade. Pesquisar a experiência vivida tem o poder de profundidade e entendimento porque "minhas próprias experiências de vida são imediatamente acessíveis a mim de uma maneira que as de nenhum outro são" (VAN MANEN, 1990, p. 54). E essas experiências são valiosas por causa da possibilidade de que "as experiências próprias de um indivíduo são também as possíveis experiências de outros" (p. 54). De maneira semelhante, exatamente como uma resposta emocional à minha situação me levou a buscar a compreensão e soluções, então, uma resposta emocional ou "inspiradora" a um estudo pode levar outros a agir (WINOGRAD, 2003).

Feldman afirma que a evidência de mudança baseada nos resultados da pesquisa pode "ajudar a convencer os leitores da validade do estudo" (2003, p. 28). Com esse intuito, incluí na seção de *"Soluções emergentes"*, mudanças na maneira como leciono para os alunos em formação inicial e no modo como me organizo para sobreviver na academia, baseadas nos resultados do meu "auto-estudo". Somado a isso, como partilhei os resultados do meu estudo com meus colegas, nosso senso de direção coletivo, em nosso trabalho de justiça social, bem como os próprios esforços individuais deles, foram novamente focalizados e confirmados. Evidências dessa renovada dedicação à nossa perspectiva de justiça social estão começando a surgir por meio dos crescentes esforços de discussão, ação e colaboração.

Coleta de dados e análise

Para este estudo, considerei os seguintes artefatos, em um período de cinco anos, de janeiro de 1999 a janeiro de 2004: 1) documentação da minha designação de encargos docentes, nos últimos cinco anos; 2) meus diários, calendários e partes da minha perspectiva; 3) minhas próprias reflexões sobre o uso do meu tempo; 4) *e-mails* e conversas com colegas; 5) atas das reuniões do corpo docente; 6) notícias dos departamentos e folhetos de divulgação e 7) relatórios finais sobre verbas e auxílios financeiros.

Compilei o material em ordem cronológica, combinando vários artefatos em uma agenda, tais como anotações do diário e *e-mails*. As atas das reuniões do corpo docente e a designação do encargo acadêmico foram organizadas em um conjunto separado de pastas. Folhetos de divulgação, relatórios sobre auxílios financeiros e meus calendários anuais foram organizados por ano, alguns dentro dos meus documentos de avaliação anual. À medida que eu analisava os artefatos cronologicamente, observei especialmente exemplos que se referiam aos meus encargos nas áreas do ensino, orientação, pesquisa e administração.

Métodos de investigação naturalista foram usados para dar sentido às fontes dos meus dados e às minhas experiências. A análise envolveu uma comparação do material por meio de uma amostragem selecionada ao longo do tempo, que gerou padrões e temas emergentes. Por exemplo, comparei meu horário e a carga de trabalho a mim designada durante o mesmo período de cada ano e remeti às atas das reuniões do corpo docente, *e-mails* e conversas, relacionados a essa carga de trabalho. Minhas anotações do diário contêm minhas reações a situações reais e, muitas vezes, incluíam detalhes que não constavam nos próprios documentos.

Ao longo de cinco anos, enquanto analisava um conjunto tão grande de material, muitas vezes, confiei no que havia me impressionado "como significativo, importante, ou muito interessante", a partir de uma visão geral, ao invés de uma análise linha por linha (STRAUSS; CORBIN, 1990, p. 82). Isso pode significar que, algumas vezes, fiz vistas grossas ao material que outro poderia verificar por meio de uma codificação mais detalhada. Enquanto minhas escolhas editavam o texto, fui cuidadosa para "não apresentar uma interpretação que contradiz ou que fosse contrariada e repudiada por uma leitura completa dos dados. Isso é uma questão de consciência, tanto quanto de confiabilidade e honestidade" (BULLOUGH; PINNEGAR, 2001, p. 19). "Fazer alguma coisa... de uma experiência vivida pela interpretação de seus significados é mais precisamente um processo de invenção criteriosa, descoberta, ou revelação – segurar e formular uma compreensão temática não é um processo definido por regras, mas um ato livre de 'ver' significado" (VAN MANEN, 1990, p. 79). O material é visto por meio dos meus olhos e a análise representa meu desejo de dar significado a uma experiência vivida exclusiva e difícil.

À medida que vi temas emergindo da minha análise, especialmente depois de registrar áreas em que eu estava escolhendo assumir muito mais do que me era designado, queria descobrir o que os outros estavam fazendo além do que eu já havia registrado. Pedi aos membros do corpo docente de nossa Unidade que me dessem informações específicas sobre seus esforços individuais para pôr em prática nossa perspectiva de justiça social. Minhas perguntas enviadas por *e-mail* incluíam, "você selecionou alunos de cor para o nosso programa sem seguir os canais e processos normais?" e "você deu alguma disciplina ou desenvolveu algum conteúdo novo com base em nossos esforços para colocar em prática uma perspectiva de justiça social?" Também fiz uma pergunta genérica sobre quaisquer contribuições específicas ou exclusivas, fora do nosso trabalho conjunto, que tivessem feito para implementar nossa perspectiva de justiça social. Enquanto meus colegas certamente trabalharam muito, nas suas respectivas áreas, e preencheram suas expectativas de atribuições do cargo, suas respostas me ajudaram a discernir que o trabalho que ressaltei como exclusivo para o meu papel, como um membro de cor do corpo docente, nessa área de justiça social, não foi substancialmente compartilhado por outros.

Os temas que surgiram em torno de diferentes aspectos do meu papel como professora estruturaram a seção de resultados do estudo, bem como as soluções que proponho. Enquanto fazia um esforço para focar em meu trabalho, detalhes do meu relacionamento com outros, o impacto deles no meu trabalho e suas próprias cargas de trabalho entraram naturalmente nos meus resultados. Incluí nosso trabalho conjunto em "*Visões gerais emergentes*".

ACHADOS DA PESQUISA

Visões gerais emergentes

Como nossa Faculdade começou a implementar sua nova missão, explicitada em seu manual e outras publicações, efetivamente selecionamos docentes de tempo parcial e alunos de cor e tentamos preparar um clima mais receptivo no campus, nos cursos, com atividades, exibições e assim por diante. Fotos de alunos e docentes de cor começaram a aparecer nos painéis do saguão e na página eletrônica. Começamos a incluir nossa declaração da missão de justiça social como parte da entrevista de seleção e nos tornamos mais conscientes a respeito da constituição étnica e de gênero das equipes de entrevista. Durante esse período, também iniciamos um programa de tempo parcial que começaria a encaminhar as necessidades de indivíduos economicamente vulneráveis, que precisavam continuar a trabalhar enquanto procuravam obter um certificado de licenciatura.

O compromisso do corpo docente com a justiça social elevou a consciência da Unidade para incluir a defesa da justiça social e incentivar projetos que aparentemente não estavam no nível prioritário de nossa formação de professores. Por exemplo, quando exigíamos evidências de justiça social nos trabalhos finais de nossos alunos, tínhamos que discutir o que essa expressão significava e acrescentar definições sobre justiça social nos nossos planos de aulas e sessões de orientação. Também durante esse período, nossos coordenadores de licenciatura definiram metas de competência cultural e trabalharam para encontrar maneiras de apoiar os alunos de cor, no que diz respeito ao curso de pós-graduação.

Por perceber que agora haveria um maior apoio para tal trabalho, comecei a tomar iniciativas independentes e individuais acerca da implementação do declarado compromisso do corpo docente. Todos trabalhávamos bastante e alguns dos meus colegas apoiaram meus esforços mais radicais, tais como encorajar todo o grupo a morar no centro pobre da cidade, por três semanas, de modo que pudessem estagiar em um ambiente diferenciado. Todavia, aventurei-me sozinha em grande parte desse trabalho. Uma razão óbvia para a relutância dos meus colegas é a pressão diária dos seus compromissos acadêmicos. Eu sugeriria um fator adicional: a involuntária omissão causada pelo sempre presente privilégio branco de não ter que fatorar raça em qualquer equação.

Outros membros do corpo docente pareciam mais propensos às ações que se ajustassem aos seus novos papéis, por exemplo, substituindo certas seleções de leitura, acrescentando um filme impactante dentro do período do curso ou considerando, mais cuidadosamente, as seleções ou pedidos de bolsas de estudo por parte dos alunos de cor. Como um exemplo excepcional, uma colega começou a permitir que os alunos bilíngües escrevessem seus planos de aula e reflexões em espanhol, uma ação que aumentou seu encargo, visto que, agora, ela precisava examinar, mais cautelosamente, também os trabalhos enviados aos orientadores que não liam em espanhol. Enquanto todos nós trabalhávamos, diligentemente, para preparar nossos alunos para salas de aula culturalmente e lingüisticamente variadas, a carga de trabalho da maior parte dos outros membros do corpo docente seria mantida, enquanto a minha aumentaria.

Minhas ações tendiam a resultar em trabalho extra, não em um trabalho novo que substituísse o antigo, à medida que eu desenvolvia novos cursos e selecionava alunos de novas maneiras, em novas áreas do Estado. Percebi a necessidade de "sair do esconderijo" para mudar as coisas, em vez de simplesmente reconhecer a necessidade de mudança e acrescentar uma "camada de cor" em um nível superficial (MOULE, 2004). "Sair do esconderijo" também significava mudar a minha designação de trabalho para tempo integral (FTE)[3].

Minha análise dos dados indica que as minhas iniciativas, como um indivíduo de cor, isolado, trabalhando com vistas à justiça social, foram as razões mais preponderantes para minha sobrecarga. Os temas e exemplos resultantes são organizados pelo meu papel de educadora e acadêmica: ensino, orientação, pesquisa, e administração universitária. Concluí com uma discussão sobre nossas lutas em diferentes níveis de identidade e interação racial.

Área: Ensino

Questão subjacente: A perspectiva exclusiva de um indivíduo de cor pode revelar necessidades não supridas da população que está sendo assistida. O indivíduo pode trabalhar para satisfazer essas necessidades mesmo quando elas não são vistas ou comunicadas por outros.

Exemplo 1: O corpo docente, em conjunto, concordou com iniciativas de justiça social no programa, em que os alunos pudessem observar e lecionar em escolas que atendessem alunos de perfis diversificados, em localidades longínquas, e a oferta de cursos de formação "em serviço" para os professores nesses locais distantes. Os ônus da organização, viagem e papelada caíam, principalmente, sobre mim.

---

[3] FTE - Full-time equivalent (Nota do tradutor).

Se eu não tivesse insistido e apoiado o trabalho, ele teria andado devagar ou parado (MOULE; WALDSCHMIDT, 2003). Os longos *e-mails* e as difíceis conversas, com colegas, comunicando as necessidades que eu via, e as tensões raciais subjacentes, também chegaram ao apogeu nesse período. Referindo-me a quando e onde mandar os alunos para estágio, escrevi: "Lamento que o que escrevi como um 'aha!' [uma descoberta] sobre a maneira como institucionalizamos o racismo, tenha causado sofrimento a nós dois. Eu realmente aprecio sua amizade" (*e-mail*, em 29 de outubro de 2001).

Exemplo 2: Ministrei onze novos cursos, nos últimos cinco anos, a fim de atender às necessidades dos professores "em serviço" e dos estagiários em formação inicial, preparando-os para atuar juntos a uma população de alunos com perfil diversificado. Dois dos onze cursos receberam algum subsídio direto para seu desenvolvimento. Muitos eram cursos a distância ou presenciais, personalizados para aquele público. Apenas dois dos cursos aparecem em minha lista de trabalho em tempo integral.

Questão subjacente: O material didático para a justiça social apresenta desafios diferenciados para aqueles que são de cor.

Exemplo 1: O custo psicológico para a pessoa de cor é alto porque recontar as histórias que ajudam os alunos a compreender uma trajetória diferente de vida faz com que ela reviva, parcialmente, essas experiências.

> *Havia seis alunos de cor... Ao contrário dos outros anos, quando fui uma voz solitária e os, um ou dois, alunos de cor, isolados, não ousavam falar, este trimestre foi cheio de discussão viva e eu não fui rotulada como "a irritante" por minha insistência em considerar questões que os alunos prefeririam ignorar* (Diário, em 25 de janeiro de 1999).

Como outro exemplo, tenho várias histórias pessoais que posso ou não posso partilhar em determinadas situações, dependendo da visível "segurança" que eu sinta em relação a uma turma de alunos em particular. Se eu me lanço em uma experiência vivida, que desperta minhas emoções, preciso me sentir a salvo.

Exemplo 2: Há uma tendência própria dos alunos brancos de diminuírem ou desrespeitarem um interlocutor de cor e, desse modo, deslegitimarem aquilo que ele tem a dizer. Isso acontece quando o ensino e as histórias se interrompem ou se opõem à visão de mundo dos alunos, e a aceitação é difícil (DILLER; MOULE, 2004). Por exemplo, um estudante latino de pós-graduação, que foi aluno de um curso de "questões multiculturais em educação", estava impressionado com a dificuldade de lecionar o mesmo curso. Depois do seu primeiro dia lecionando, disse, enquanto balançava a cabeça, "você não acha os alunos *resistentes*?" (A. Castro, comunicação pessoal, em maio 2001).

Exemplo 3: Às vezes, uma perspectiva é óbvia para mim, enquanto pessoa de cor, e ainda assim, é aparentemente impossível transmiti-la a outros. Isso produz uma certa barreira baseada na raça.

> *Estou triste quanto a aceitar o fato de que tenho que aprender a viver com as diferenças que minha raça faz e o fato de que outros não irão/poderão compreender completamente aquelas diferenças?... Até o momento, a qualquer hora que começo a falar com outro afro-americano sobre minhas perspectivas, sentimentos, e assim por diante, é como se um véu fosse erguido. Percebo-me sem sequer precisar explicar. Percebo... compreensão instantânea... Percebo-me revelando mais e me sentindo "segura"* (Diário, em 13 de fevereiro de 2001).

Área: Orientação

Questão subjacente: Indivíduos de cor podem escolher realizar a tarefa de orientação diferentemente de outros membros do corpo docente devido às diferenças de raça e cultura. As incógnitas sobre o racismo inconsciente e os preconceitos dos outros podem me induzir a assumir, mais freqüentemente, uma postura segura de "guia" ao lado dos alunos, ao invés de um papel passivo e indiferente.

Exemplo: Meu desejo de ver os alunos em seus contextos, como uma forma de compreendê-los como um todo, ao invés de descolados de uma área do campus, compeliu-me a visitá-los em seus locais de estágio. Também pedi aos alunos para trabalharem cooperativamente entre si, nesses locais, a fim de compreender muitas das questões que eles têm consigo mesmos. Finalmente, preferi a orientação por *e-mail* e telefone, especialmente quando os alunos estavam em escolas muito distantes. Quando essas formas de contato estavam no lugar de reuniões e processos "normais" de orientação, algumas vezes eram vistas como inadequadas, em lugar de diferentes e valiosas. Tivemos várias reuniões do corpo docente onde isso se tornou uma controvertida questão sobre quando, onde e como a orientação aconteceria (Atas do corpo docente, primeiro semestre letivo de 2001).

Questão subjacente: A presença de indivíduos de cor no programa, que antes se sentiam isolados, geralmente, atrai outros indivíduos de cor que também se sentem isolados. Uma perspectiva explícita de justiça social aumenta o número de tais candidatos atraídos para o programa que podem precisar de orientação e apoio.

Exemplo 1: Selecionar alunos de cor, de mestrado e de doutorado, ou aqueles com experiências profundas em diversas culturas, foi muitas vezes minha responsabilidade implícita como membro de cor do corpo docente (Calendário, folhetos de divulgação, *e-mails* 2000-2003).

Exemplo 2: Um dos primeiros projetos que empreendi para efetivar nossa proposta de justiça social foi remontar nosso processo de seleção, de modo que ele captasse, mais efetivamente, eventuais erros, na documentação solicitada, especialmente nos casos de candidatos de cor. Com o processo de admissão mudado, também estabeleci ferramentas adicionais de seleção, inclusive uma *listserve*[4], reuniões trimestrais e reuniões informativas, organizadas em locais da região central da cidade e bastante distantes. Isso aumentou minhas responsabilidades.

Exemplo 3: Indivíduos afro-americanos, muitas vezes, solicitam uma admissão tardia em nosso programa de formação profissional de professores porque muitos desses alunos podem não ter sido atingidos por nossos métodos tradicionais de divulgação e, freqüentemente, ouvem sobre a oportunidade tardiamente, por meio de contatos pessoais. Alguns estão determinados e desejosos de produzir os documentos solicitados, em curto prazo. Como uma afro-americana, que quer selecionar alunos de cor e de quem é esperado que isso aconteça, faço todo esforço para acomodar esses candidatos. Orientar esses alunos envolve muitas conversas e *e-mails* com colegas, com o orientador-chefe, com os funcionários da seleção e da pós-graduação, e com os próprios candidatos. Durante esse período de pré-admissão, os contatos

---

[4] Lista eletrônica equivalente a um fórum de debates, que contém os endereços eletrônicos (e-mails) das pessoas participantes, para que estas recebam, a partir de um único endereço encarregado da distribuição, todas as mensagens de todos para todos os membros da lista (Nota do tradutor).

com esses alunos não são considerados parte de minha carga horária de orientação. Embora meus colegas também participem de muitas sessões de orientação de pré-admissão, o resultado para mim, se nós não encontrarmos e selecionarmos alunos de cor, é grave:

> *Como você deve saber, não tivemos inscrições de alunos de cor. Minha reação instintiva... foi "Não quero estar aqui". Pois o pensamento de carregar nos ombros a maior parte da preparação de nossos estagiários para honrarem as necessidades de seus futuros alunos de cor era mais do que eu queria empreender sem um pouco de conhecimento de rostos multicoloridos no grupo em si mesmo... somente a perspectiva de levar todos os estagiários a Portland no próximo ano... me permitiu controlar meu nervosismo e me acalmar para continuar os outros aspectos do meu trabalho, neste trimestre.* (Nota, em 22 de fevereiro de 2000)

Área: Pesquisa

Questão subjacente: Um pesquisador de cor pode ser especificamente selecionado para certas bolsas e oportunidades acadêmicas. A pesquisa sobre a competência cultural ou sobre questões raciais desperta, naturalmente, a atenção e o interesse dessa pessoa.

Exemplo 1: A necessidade de se buscar experiências mais instigantes e transformadoras, para meus alunos e orientandos, levou-me a escolher, para os estagiários, uma experiência de imersão em *Eisenhower Professional Development*, uma escola de desenvolvimento profissional, predominantemente afro-americana. Havia recursos para o desenvolvimento do ensino de ciências e matemática que eram dirigidos para escolas muito pobres, como a *Eisenhower*. Cinco anos desse trabalho, com a utilização dessas verbas, produziram um contínuo ciclo de contabilidade e prestação de contas. Por exemplo, no segundo semestre letivo de 2002, 27 alunos do nosso programa desenvolveram seus estágios em escolas de Portland, a uma distância do campus de uma hora e meia, dirigindo. Durante a definição dos locais de estágio, passei 14 dias em Portland, para garantir o sucesso daquela experiência e servir como supervisora do estágio para os alunos. Meus colegas passaram um total de dois dias no local. Não há nenhuma evidência dessa carga de trabalho no meu contrato, visto que esse trabalho não se encaixa claramente em ensino, orientação ou pesquisa. Era uma coisa que eu queria fazer para o bom funcionamento do programa. É um exemplo da diferença que meu compromisso provocou em minha carga de trabalho.

Exemplo 2: Gastei muito tempo e energia, nos primeiros anos de meu trabalho, no campus, escrevendo sobre e para minha comunidade de aprendizagem. Essas peças reflexivas, incluindo uma série de quatro partes, *View Through Lenses of Color,* foram endereçadas "à academia" para consideração e interpretação.

> *Ao procurar buscar atalhos para os meus alunos, também preciso tentar fazer isso em nome dos meus colegas... É diferente para você, do que é para mim, caminhar até o diretório acadêmico ou até o prédio da reitoria? A raça faz alguma diferença na minha necessidade de estacionar próximo a esses prédios? Você se preocupa? Ou mais, você entende?* (E-mail não enviado, em 3 de fevereiro de 2001)
>
> "Meu tempo está, de certa forma, salvo porque eu precisava, de algum modo, revelar [por meio da revisão da literatura e da pesquisa] a natureza atual de minha existência feminina afro-americana na comunidade universitária predominantemente euro-americana". (Diário, em 2 de dezembro de 2001)
>
> "Parte de ser uma pessoa de cor, no ensino superior, significa despender tempo escrevendo coisas como essa". (E-mail, em 30 de outubro de 2001)

ÁREA: ADMINSTRAÇÃO

Questão subjacente: A necessidade de aliviar o isolamento da raça e de ampliar a compreensão das questões, por meio do envolvimento de recursos externos, muitas vezes, resulta em serviço adicional para a universidade. Essa visibilidade aumentada conduz à ampliação de responsabilidades e expectativas.

Exemplo 1: Sinto-me compelida a convidar, para o campus, palestrantes que possam ajudar na compreensão das questões de justiça multicultural e social. Trabalhar com financiamento, locação, logística e divulgação consome muito tempo. Um exemplo foi meu convite a James W. Loewen, um historiador que ajuda as pessoas a entender uma perspectiva multicultural. Em novembro de 1999, ele falou para quatro grupos de alunos e para a universidade em geral, durante uma visita que eu promovi (Folheto de divulgação do palestrante convidado e calendário).

Exemplo 2: Durante a primeira semana do ano acadêmico, organizei a exibição de três filmes sobre questões raciais para a nossa equipe e o corpo docente[5]. Convidei pessoas-chave da universidade, que, eu acreditava, poderiam influenciar nossa unidade em direção à justiça social, a fim de facilitar a exibição e a discussão dessas películas. Em seguida à exibição dos filmes, um comitê de competência cultural se formou, espontaneamente, e começou a trabalhar sobre esse tema no interior da Faculdade de Educação.

Exemplo 3: Participei de mais comitês administrativos (de investigação e forças-tarefas), que qualquer outro colega, do mesmo nível que eu. Por exemplo, como professora assistente, estive a serviço do comitê de seleção do diretor de nossa Unidade de Educação, juntamente com um professor titular, um chefe de departamento e um diretor de faculdade.

Exemplo 4: À medida que insisti em mudanças no programa, convidei palestrantes, trouxe filmes e participei de comitês importantes, minha visibilidade levou-me a ser convidada para proferir a aula inaugural da universidade para os alunos de pós-graduação. Essa é uma oportunidade extraordinária para uma professora assistente. Embora estivesse honrada e lisonjeada pelo convite, isso foi um esforço excepcionalmente intenso e consumiu muito tempo (MOULE, 2003).

INTERAGINDO COM MEUS COLEGAS

Estágio um: "Eu estou bem, você está bem"

Analisei nosso trabalho em direção à justiça social, por meio dos estágios de Desenvolvimento de Interação Racial. A fase "eu estou bem, você está bem" (similar ao estágio de *contato*, de Helm) ocorreu durante meus primeiros anos na instituição, quando me ocupava apenas das minhas funções e via minha raça como parte da significativa

---

[5] Os filmes exibidos foram: "The Color of Fear", "Minority Faculty Break into the Ivory Tower" e "Skin Deep".

contribuição que dava para a diversidade da unidade, sem mudanças na minha carga de trabalho. Os outros me viam, antes de mais nada, como uma colega, não como uma colega negra, embora a raça fosse um fator nos cursos que fui chamada para lecionar. A princípio, as mudanças, a partir dessa fase, foram explícitas apenas para mim. Eu percebi que me afastava da fácil aceitação desse "estágio de tudo está bem", especialmente na medida em que a dificuldade de lecionar o conteúdo de justiça social se tornava bastante evidente.

Estágio dois: "Alguma coisa não está bem"

No início, aceitamos que o baixo número de alunos de cor, em nosso programa, era devido à nossa localização geográfica – uma cidade pequena – e à população que lá vivia – predominantemente branca. Manter uma visão branca de mundo, em vez de trabalhar com alunos e candidatos de uma maneira culturalmente mais harmônica, induziu-nos a rejeitar ou perder alguns candidatos de cor. Os preconceitos sutis inconscientes podem também ter sido um fator, mesmo que isso seja difícil de investigar. De acordo com Begley (2004), sete entre dez pessoas brancas mostram preconceito racial inconsciente, inclusive aqueles que declaram serem livres de preconceito. A menos que assumamos que os indivíduos na academia estão automaticamente nos 30% sem preconceito inconsciente, podemos concluir que houve algum preconceito inconsciente e talvez irreconhecível.

Compartilhei minhas percepções e preocupações com outros quando pareceu que nós não abordávamos nossas admissões e outros processos de seleção de uma maneira inclusiva, a fim de contrabalançar suposições aceitas como verdadeiras ou possíveis preconceitos implícitos. Coletivamente, chegamos a uma fase de "algo não está bem" (ou o *estágio de desintegração*, de Helm), na medida em que respondíamos tanto ao racismo entre nós – visível e dissimulado, muitas vezes inconsciente – quanto dentro do nosso programa. Nesse ponto, reconheci que eu estava na desconfortável posição de apoiar o *status quo* da cultura dominante, a menos que mudássemos, mais concretamente, nosso programa em direção à justiça em múltiplas formas. Quando tomei atitudes como mudar o processo de seleção ou insistir em locais para estágios em ambientes mais diversos, muitas vezes, meus colegas ficaram desconfortáveis. Para a maioria dos indivíduos brancos, a necessidade de mudança é percebida como menos importante. Em primeiro lugar, eles não estão em uma posição de serem cobrados por "falta de cuidado com a raça", em virtude de sua inércia. Eu ainda me sentia compelida. Minha colega, Eileen, ponderou sobre nosso trabalho conjunto visando à justiça social e seu doloroso reconhecimento de que, coletivamente, "algo não estava bem":

> À medida que nosso corpo docente participava de discussões relativas às definições para justiça social, diferentes perspectivas vieram à tona. A tensão se desenvolveu quando tomamos a decisão de institucionalizar as experiências diversificadas que nossos estagiários teriam no nosso programa de formação de professores. Agora não poderíamos mais fazer um elogio, apenas por educação, em relação à diversidade. Essas experiências não mais seriam opcionais e sua implementação teria impacto no programa como um todo e no corpo docente: alunos e professores dirigindo de 64 a 128 quilômetros, só para ir ou vir (dependendo da escola de destino), várias vezes por semestre, para experiências de estágio em ambientes mais diversos; os horários dos cursos mudaram; novos cursos foram adicionados e outros, modificados. À medida que os membros do corpo docente criticavam partes do plano, a tensão crescia. Eu estava entre os críticos. Minha carga de trabalho, no ano anterior, havia sido intensa e muito estressante. Implementar o novo plano significava mais reuniões e menos tempo para dedicar aos meus artigos. Eu só podia ver essas mudanças como muito avassaladoras e distantes do que eu pensava que realmente precisava focalizar: conseguir exercer meu trabalho. Recuei ao recordar isso. (MOULE; WALDSCHMIDT, 2003, p. 128)

Estágio três: "Eu estou bem, não tenho certeza quanto a você"

Essas reflexões e notas revelam questões complexas que são difíceis de reconhecer ou discutir. Por causa disso, acho que meus colegas, muitas vezes, silenciaram quando foram solicitados a comentar sobre esse "auto-estudo". Um deles me disse que a própria natureza de discutir assuntos, emocionalmente carregados, relacionados à raça, entre uma pessoa branca e uma pessoa de cor — especialmente dois colegas que precisam manter algum tipo de relacionamento de trabalho — parece gerar uma situação em que não há vencedores.

Uma colega afro-americana, não na minha universidade, mas com algum conhecimento da minha situação, sugeriu que esse silêncio podia ser evidência do *estágio de pseudo-independência,* de Helm (1992), entre meus colegas. Se essa for uma avaliação precisa do estágio de desenvolvimento de identidade racial dos meus colegas, então, o silêncio é parcialmente explicado pela característica principal dessa fase, "a capacidade de separar o intelecto das emoções". As pessoas com as quais compartilhei, de outras maneiras, minhas emoções de perto, pareciam não ter resposta emocional para meu texto e o sofrimento nele implícito.

Helms (1992) descreve um *estágio pseudo-independente* como a sinalização de um primeiro movimento mais relevante em direção ao desenvolvimento de uma identidade positiva, não-racista. Uma de suas nove características é chave para meu entendimento: "A pessoa pode expressar normas de justiça, especialmente enquanto a implementação de tais princípios não tem implicações imediatas para a vida da própria pessoa". Helm explica o impacto absoluto dessa fase:

> O estágio pseudo-independente representa a tentativa da pessoa de recapturar moralidade com respeito à raça. Ao menos em parte, ele ou ela faz isso por meio do "pensamento" sobre as questões raciais, ao invés do "sentimento" sobre elas. Dessa forma, em um sentido psicológico, a pessoa permanece distante das questões raciais mesmo que ele ou ela possa parecer estar defendendo ativamente perspectivas "liberais" com respeito a tais questões... Pessoas pseudo-independentes usam uma variedade de estratégias que lhes permitem manter o conforto social... Essas estratégias também servem aos propósitos incidentais de convencer outros Brancos de que o racismo tem virtualmente desaparecido, que pessoas de cor, que expressam outras convicções, são necessariamente loucas, irracionais, ou conservadoras, de que se alguns remanescentes do racismo, de fato, existem, não é de responsabilidade da pessoa Branca "liberal" resolvê-los. Reafirmar as estratégias é, muitas vezes, uma mensagem à pessoa de cor, concernente a como ele ou ela deveria se comportar a fim de permitir à pessoa Branca continuar a se sentir bem por ser Branca... O estágio pseudo-independente oferece... possíveis estratégias cognitivas para a pessoa não ter que se preocupar com questões cobradas emocionalmente (1992, p. 59-62).

Em virtude de o estágio "eu estou bem, não tenho certeza quanto a você" ser, muitas vezes, o mais antagônico entre as raças, acredito que, nesse momento, as interações entre os outros seriam ocultadas de mim. Durante essa fase, minha trajetória e a dos outros divergiriam muito fortemente. Acredito que parte da falta de apoio para aquelas atividades que me senti compelida a procurar é evidência de que os outros estavam nessa fase.

Estágio quatro: "Eu estou bem, você está bem, estamos bem"

Nossa unidade como um todo pode estar passando para o estágio da *autonomia*, "estou bem, você está bem, estamos bem". Alguns dos meus colegas têm agora reconhecido nossa imprescindível necessidade de trazer palestrantes de fora e estão muito mais abertos a conversas de resolução de problemas sobre raça. Outros podem estar presos no estágio pseudo-independente, "eu estou bem, não tenho certeza quanto a você", marcado pela hesitação e por uma neutralidade que nem apóia, nem critica – em outras palavras, pouca ação.

Um sistema e uma unidade funcionando nessa fase poderiam reconhecer, mais explicitamente, a importância de tais atividades e o excesso de trabalho para um colega de cor em função de se querer pôr em prática uma perspectiva de justiça social. Eileen, por exemplo, funcionando no estágio de autonomia, afirma o seguinte, em um excerto chamado *Working Toward Social Justice: Steps Accomplished in a Complex Struggle:*

> Ambas, Jean e eu, estávamos dispostas a falar e refletir sobre algumas questões muito difíceis em relação à raça e continuamos aquele diálogo. Tive a oportunidade de continuar aprendendo com a Jean e de sua experiência como a única docente de cor no nosso grupo... Jean apontou exemplos de "ser Branco" (do inglês, "*Whiteness*") e "... seu privilégio, normatividade (sua habilidade de se auto-designar como o padrão), e sua invisibilidade" (STEINBERG; KINCHELOE, 2001, p. 12). Este tem sido um doloroso processo para mim... examinar minha própria condição de "ser Branco", mas ainda estou comprometida em perseverar...

Agora temos um programa de formação de professores que inclui experiências de professores estagiários em ambientes mais diversos. Nossos alunos têm a oportunidade de trabalhar com crianças afro-americanas e crianças bilíngües em inglês-espanhol...

Inserimos, agora, em qualquer publicação referente ao nosso programa, a declaração sobre nosso compromisso com a justiça social. Isso inclui o manual que usamos em nosso programa para nossos alunos desenvolverem suas grades de estudo. Começamos a ver alunos que desenvolveram unidades de ensino, durante seu estágio de regência, centradas em questões de justiça social, para crianças desde o jardim da infância até o final do ensino fundamental. Embora, como corpo docente, discordássemos sobre definições de justiça social, transmitimos uma idéia de unidade para nossos estagiários e mantivemos nossas declarações de justiça social nas publicações sobre nosso programa (MOULE; WALDSCHMIDT, 2003, p. 135-6).

O estágio de autonomia pode continuar a nos iludir como uma característica de grupo até que mais colegas meus desenvolvam uma compreensão desses níveis de interação racial e passem a refletir sobre os próprios estágios na teoria de identidade racial de Helm. Independentemente da atenção ou interação dos meus colegas com sua própria identidade e desenvolvimento racial, meu trabalho é mais fácil quando recorro a um esquema de desenvolvimento de interação racial para situar meus colegas e a mim mesma, de modo que eu tenha uma melhor compreensão de nossas perspectivas divergentes. Compreender essas interações tem me ajudado a "perseverar" na universidade e fazer as mudanças necessárias na minha carga horária de trabalho.

SOLUÇÕES EMERGENTES

> Collins define a influência mútua entre a opressão da mulher Negra e o ativismo da mulher Negra... [que] vê o mundo como um lugar dinâmico onde a meta não é meramente sobreviver, ou se encaixar, ou competir; preferivelmente, ele se torna um lugar onde sentimos donos e responsáveis... sempre há escolha e o poder para agir, não importa quão desanimadora a situação possa parecer. Ver o mundo como algo em processo de formação levanta a questão da responsabilidade individual para promover mudança. (1990, p. 237)

Vejo-me trabalhando por mudanças e soluções. Collins (1990) situa o ponto de vista da mulher negra como aquela que encurta a distância entre a teoria e a prática. Por causa desse ponto de vista e de minha necessidade de ação, termino este trabalho com soluções práticas.

Depois de conduzir este estudo e identificar as fontes de sobrecarga, conscientemente e propositalmente priorizei e limitei meu trabalho. Listei meus esforços de mudança com base em minhas descobertas e organizei-os conforme meus variados papéis de acadêmica e pesquisadora. Essas mudanças concretas também forneceram evidência da validade deste "auto-estudo".

Ensino: Limitar a oferta de cursos e contribuições. De um recorde de quatro novos cursos, em 2002, agora estou lecionando um por ano. Também resisti à tentação de lecionar partes adicionais do meu curso favorito, "Questões multiculturais em educação", por causa de suas intensas demandas psicológicas.

Orientação: Imediatamente depois que comecei a ver os temas deste estudo surgindo, trabalhei sistematicamente para limitar minha carga de orientação para não mais que 25 orientandos por ano. Embora essa atitude não tenha sido popular entre meus colegas, acredito que ela, eventualmente, ajudou a pressionar a unidade por um limite de carga de orientação mais razoável para todos. Ainda oriento mais alunos de cor nos processos de seleção, no entanto, a recente inclusão de um orientador-chefe na nossa unidade trouxe o suporte necessário nessa área.

Pesquisa: Quase abandonei meus poucos esforços – quer pessoalmente, quer por *e-mail* ou por memorandos – de explicar para meus colegas as experiências de pessoas de cor no nosso sistema educacional. O custo-benefício psicológico é despropositado (WAH, 2004). Por outro lado, durante os últimos dois anos, comecei a fazer de tais reflexões uma parte maior de minha agenda. Estou tentando entender o fenômeno que estou experimentando, por meio da leitura, estudo sistemático e conversas com outros. Estou preocupada com o fato de que minha raça tenha me canalizado dentro desse campo de pesquisa em particular, como se não fosse meu foco original. No entanto, como a raça se tornou mais evidente em meu trabalho e em minhas leituras, faz sentido estudar a interação de minha raça e minha situação. Nesse caso, a solução não é renunciar ao material, à sobrecarga e às reflexões necessárias, mas aceitá-los. Estou resignada ao fato de que "aquilo que um pesquisador é, é fundamental para aquilo que o pesquisador faz"

(BULLOUGH; PINNEGER, 2001, p. 13). Também descobri que tal pesquisa me colocou na boa companhia de outros que lutam para compreender este papel "agridoce". Para aqueles com trabalho similar, cujos caminhos eu cruzo, e para meus colegas, quando em seu modo anti-racista, compartilho isto do meu diário: "Então, qual é o antídoto para amargo? Doçura, doce, palavras gentis, amizade carinhosa, abraço, e, algumas vezes, simplesmente um ouvinte" (em 13 de fevereiro de 2001).

Administração: A administração que "conta" em nossa universidade é limitadamente definida como trabalhar em comitês universitários "oficiais" ou comitês da unidade. Trazer convidados para o campus ou falar em vários painéis ou na faculdade, não contam. Acredito que um passo conveniente para mim é pesar mais cuidadosamente os fatores de custo-benefício, focando no exercício do meu cargo. Posso ser forçada a dizer "não" mais freqüentemente, a menos que a atividade faça parte do sistema. Tive dificuldade em dar esse passo.

CONCLUSÕES

Minha meta original era compreender como uma perspectiva de justiça social impactou nossos docentes, formadores de professores, durante um período de cinco anos. Considero os resultados profundamente perturbadores. Como confirmado em estudos de Thomas (2001) e Turner e Myers (2001), eu estava carregando uma injusta proporção das mudanças necessárias. Todavia, essa preocupante sobrecarga não era conscientemente evidente até que eu analisasse os detalhes. Embora muitas das atividades individuais que comecei pudessem ser vistas como o trabalho normal e esperado de um membro efetivo do corpo docente, o peso combinado delas é tremendo. Não obstante, meus esforços diferenciados eram quase invisíveis.

Enquanto procuro por formas de manter minha paixão e minha credibilidade na academia, um problema controvertido e contínuo é encontrar formas de resistir à desconhecida hegemonia que prevalece. O caminho alternativo para observar o mesmo conjunto de dados, por meio do olhar do privilégio branco, está sempre diante de nós, como um obstáculo. Como foi atribuído a Maya Angelou: "A visão da sociedade sobre a mulher negra é de tamanha ameaça ao seu bem-estar que ela vai morrer diariamente a menos que ela determine como vê a si mesma". Enquanto persevero, sinto que estou "vivendo esse caminho... com as indignidades diárias... com o coração partido" (NILE; STRATON, 2003, p. 5).

Continuaremos nossos esforços para apoiar e ampliar a perspectiva de justiça social do nosso programa. Como um membro de cor do corpo docente que precisa fazer a diferença, sou, ao mesmo tempo, internamente motivada e externamente pressionada para assumir um papel de defesa mais vigoroso que produz uma sobrecarga de trabalho. Meu papel esperado de professora assistente transformou-se em uma ordem de "fazer o serviço [de eqüidade]". As atividades extra-campus e fora do meu encargo, e a dificuldade de administrar essa carga de trabalho, bem como a controvérsia em torno de estudos como este, podem colocar em risco meu futuro como professora do quadro permanente (ver WATSON, 2001). Minha esperança é que minhas experiências e minha compreensão das causas subjacentes da carga de trabalho diferenciada se somarão à nossa sabedoria e poderão ajudar outros em situações similares.

Reconheço que "em auto-estudos, as conclusões são duramente obtidas, elusivas e geralmente mais experimentais que não. O objetivo da pesquisa de auto-estudo é provocar, desafiar e esclarecer, ao invés de confirmar ou determinar" (BULLOUGH; PINNEGAR, 2001, p. 20). Voltando à metáfora do rio,

> Muitos lutam corpo-a-corpo com as complexas questões levantadas por essa metáfora, quer ela se aplique à raça, ou a outras áreas de desigualdade. O desafio para aqueles que estão na água e para aqueles que estão no barco é estender a mão uns aos outros na nossa viagem comum, enquanto objetivam fazer a diferença no próprio rio que leva a nós todos (MOULE, 2003, p. 3).

REFERÊNCIAS BIBLIOGRÁFICAS

BEGLEY, S. The roots of hatred. *AARP The Magazine*, vol. 47, p. 47-49, maio/junho de 2004.

BULLOUGH, R. V., Jr., e PINNEGAR, S. Guidelines for quality in autobiographical forms of self-study research. *Educational Researcher*, vol. 30, n. 3, p. 13-21, 2001.

COLLINS, P. H. *Black feminist thought: Knowledge, consciousness, and the politics of empowerment*. Boston: Unwin Hyman, 1990.

COOK, D. The art of survival in White academia: Black women faculty finding where they belong. In: Fine, M., POWELL, L. C., WEIS, L. e WONG, L. M. (Orgs.), *Off White: Readings on race, power, and society.* New York: Routledge, 1996, p. 100-109.

CROSS, W. E. The Negro-to-Black conversion experience: Toward a psychology of Black liberation. *Black World,* vol. 20, n. 9, p. 13-27, 1971.

CROSS, W. E. The psychology of Nigrescence: Revising the Cross model. In: PONTEROTTO, J. G., CASAS, J. M., SUZUKI, L. A. e ALEXANDER, C. M. (Orgs.). *Handbook of multicultural counseling.* Thousand Oaks, CA: Sage, 1995, p. 93-122.

DILLER, J. V. e MOULE, J. *Cultural competence: A primer for educators.* Cincinnati, OH: Wadsworth, 2005.

ELLIS, C. Evocative autoethnography: Writing emotionally about our lives. In: TIERNEY, W. e LINCOLN, Y. (Orgs.). *Representation and the text: Reframing the narrative voice.* Nova York: State University of New York, 1998, p. 116-139.

FELDMAN, A. Validity and self-study. *Educational Researcher,* vol. 32, p. 26-28, 2003.

HELMS, J. E. (Org.). *Black and White racial identity: Theory, research, and practice* (Vol. 129). Nova York: Greenwood Press, 1990.

HELMS, J. E. *A race is a nice thing to have: A guide to being a White person or understanding the White persons in your life.* Topeka, KS: Content Communications, 1992.

HYUN, E. e MARSHALL, J. D. Theory of multiple/multiethnic perspective-taking ability for teachers' developmentally and culturally appropriate practice. *DCAP,* vol. 11, n. 2, p. 188-198, 1997.

JONES, L. (Org.). *Retaining African Americans in higher education.* Sterling, VA: Stylus, 2001.

KING, S. H. e CASTENELL, L. A. *Racism and racial inequality: Implications for teacher education.* Washington, DC: AACTE, 2001.

LADSON-BILLINGS, G. For colored girls who have considered suicide when the academy's not enough: Reflections of an African American woman scholar. In: NEUMANN, A. e PETERSON, P. L. (Orgs.). *Learning from our lives: Women, research, and autobiography in education.* Nova York: Teachers College, 1997, p. 52-70.

LADSON-BILLINGS, G. Racialized discourses and ethnic epistemologies. In: DENZIN, N. K. e LINCOLN, Y. S. (Orgs.). *Handbook of qualitative research* (2nd.). Thousand Oaks, CA: Sage, 2000, p. 257-277.

LINCOLN, Y. S. e DENZIN, N. K. The fifth moment. In: DENZIN, N. K. e LINCOLN, Y. S. (Orgs.). *Handbook of qualitative research.* Thousand Oaks, CA: Sage, 1994, p. 575-586.

MABOKELA, R. O. e GREEN, A. L. *Sisters of the academy: Emergent Black women scholars in higher education.* Sterling, VA: Stylus, 2001.

MOULE, J. *Aiming to make a difference.* [Commencement address for graduate students, Corvallis, OR, (June 14, 2003)]. Acessado em 7 de fevereiro de 2005, da página eletrônica da Faculdade de Educação da Universidade do Estado de Oregon, http://oregonstate.edu/education/news/caddress.html

MOULE, J. e WALDSCHMIDT, E. D. Face-to-face over race: Personal challenges from instituting a social justice perspective in our teacher education program. *Teacher Education and Practice,* vol. 16, n. 2, p. 121-142, 2003.

MOULE, J. Safe and growing out of the box: Immersion for social change. In: ROMO, J. J., BRADFIELD, P. e SERRANO, R. (Orgs.). *Reclaiming democracy: Multicultural educators' journeys toward transformative teaching.* Upper Saddle River, NJ: Pearson Merrill, 2004, p.147-171.

NILE, L. N. e STRATON, J. C. Beyond guilt: How to deal with societal racism. *Multicultural Education,* vol. 2-6, Verão 2003.

OREGON STATE UNIVERSITY. *Fact book.* Corvallis: Author, 2002.

POWELL, W. N. *Structural oppression of African Americans in higher education.* Oregon State University, Corvallis, 1999 (Tese, Doutorado em Educação).

PROFESSIONAL TEACHER EDUCATION PROGRAM. *Handbook.* Corvallis, OR: Author, 2002.

RICHARDSON, T. e VILLENAS, S. "Other" encounters: Dances with Whiteness in multicultural education. *Educational Theory,* vol. 50, p. 255-274, 2000.

SELMAN, R. e SCHULTZ, L. H. *Making a friend in youth: Developmental theory and pair therapy.* San Diego, CA: Academic, 1990.

SLEETER, C. E. Preparing teachers for culturally diverse schools: Research and the overwhelming presence of Whiteness. *Journal of Teacher Education,* vol. 52, n. 2, p. 94-106, 2001.

STEINBERG, J. H. e KINCHELOE, J. L. Setting the context for critical multiculturalism: The power blocs of class elitism, White supremacy, and patriarchy. In: STEINBERG, S. R. (Org.). *Multi/cultural conversations.* Nova York: Lang, 2001, p. 3-30.

STRAUSS, A. e CORBIN, J. *Basics of qualitative research: Grounded theory procedures and techniques.* Newbury Park, CA: Sage, 1990.

THOMAS, G. D. The dual role of scholar and social change agent: Reflections from tenured African American and Latina faculty. In: MABOKELA, C R. O. e GREEN, A. L. (Orgs.). *Sisters of the academy: Emergent Black women scholars in higher education.* Sterling, VA: Stylus, 2001, p. 80-91.

TURNER, C. S. V. e MYERS, S. L., Jr.. *Faculty of color in academe: Bittersweet success.* Needham Heights, MA: Allyn & Bacon, 2000.

VAN MANEN, M. *Researching lived experience: Human science for an action sensitive pedagogy.* Londres, Ontario, Canadá: State University of New York, 1990.

WAH, L. M. (Org.). *Last chance for Eden* [Motion picture]. Oakland, Stir-Fry Productions, 2004.

WATSON, L. W. The politics of tenure and promotion of African American faculty. In: JONES, L. (Org.). *Retaining African Americans in higher education*. Sterling, VA: Stylus, 2001, p. 235-245.

WINOGRAD, K. The functions of teacher emotions: The good, the bad, and the ugly. *Teachers College Record,* vol. 105, n. 9, p. 1641-1673, 2003.

ZOLLERS, N. J., ALBERT, L. R. e Cochran-Smith, M. In pursuit of social justice: Collaborative research and practice in teacher education. *Action in Teacher Education,* vol. 22, n. 2, p. 1-14, 2000.

Desafios para a implementação da justiça social na formação de professores

Morva A. McDonald

Vanessa, uma professora estagiária em Oakland, Califórnia, começa uma aula de redação lendo *The Owl Moon*. Instrui seus alunos, da primeira e da segunda séries, a emitirem um estalo quando reconhecerem um adjetivo. No início, os alunos criam um burburinho, mas logo, capturados pela história, esquecem de estalar os dedos, todos juntos. Depois da aula, Vanessa pondera que tem a impressão de não se interagir bem com seus alunos, e pergunta se essa sua sensação se origina nas diferenças raciais ou de classe. Todos os seus alunos, com exceção de um, são afro-americanos, e, embora seja mestiça, Vanessa não é afro-americana. Enquanto a maioria de seus alunos é proveniente de famílias de baixa renda, Vanessa cresceu em uma família de classe média. Ela diz que espera continuar lecionando para alunos afro-americanos, porém questiona se algum dia se sentirá preparada para trabalhar bem com esses alunos. Matriculada em um programa de formação inicial de professores, que reivindica um compromisso de preparar docentes para salas de aula racialmente e etnicamente diversas, Vanessa reconhece que, inevitavelmente, enfrentará o desafio de lecionar para alunos de perfis diferentes e se pergunta: estarei preparada? Saberei o bastante para atingir todos os alunos da minha turma? Como me relacionarei com alunos que não se assemelham comigo?

É provável que Vanessa e a maioria dos futuros professores, atualmente matriculados em programas de formação docente, em todo o território nacional, serão chamados para lecionar para alunos provenientes de uma variedade de comunidades e cujas experiências vividas difiram das deles próprios. Tendências demográficas revelam que, em meados deste século, os alunos de cor constituirão mais de 50% daqueles matriculados em escolas públicas e que o número de aprendizes da língua inglesa (*ELLs*)[1] e alunos vivendo na pobreza também continuará a crescer (LADSON-BILLINGS, 1999b; VILLEGAS; LUCAS, 2002). Na Califórnia, onde Vanessa planeja lecionar, 62% dos alunos são de cor, 25% são aprendizes da língua inglesa e 47% se qualificam para o programa federal de fornecimento de almoço gratuito ou com o preço reduzido (EDUCATION DATA PATNERSHIP, 2003). No entanto, o grupo de professores, atualmente em exercício, e de futuros professores, permanece essencialmente branco, do sexo feminino e da classe média (COHRAIN-SMITH, DAVIS; FRIES, 2003). Por exemplo, em 2002, aproximadamente 75% dos professores que trabalhavam nas escolas públicas da Califórnia eram brancos (EUCATION DATA PARTNERSHIP, 2003). Essas tendências demográficas e as experiências de Vanessa levantam a questão: como os programas de formação de professores preparam os docentes para lecionar bem em salas de aula cada vez mais diversas?

Este capítulo aborda essa questão, por meio da análise de dois programas de formação de professores, que têm a intenção de aperfeiçoar o modo como preparam os futuros professores, para ensinar satisfatoriamente alunos racialmente diversos e de baixa renda. Na primeira parte do texto, faço uma revisão da literatura sobre a formação docente e mostro que, historicamente, os programas de formação de professores têm se preocupado em enfocar a diversidade, com recursos e abordagens assistemáticas, e, por via de conseqüência, com pouco sucesso. Nos últimos anos, no entanto, novas abordagens de educação multicultural e diversidade têm revelado que os programas que incluem uma orientação de justiça social, lado a lado, de suas proposições, são propensos a se saírem melhor. Essa revisão levanta as seguintes questões: como os programas de formação de professores para a justiça social pretendem alcançar essas metas e que fatores os ajudam e os atrapalham nesse processo? Em seguida, discuto como recorri à teoria sociocultural e a uma teoria de justiça social, como suportes teóricos, para uma análise, comparativa e utilizando métodos mistos, da implementação de uma abordagem integrada de justiça social, em dois programas de formação de professores do ensino fundamental. Meu estudo revelou dois tipos de resultado. Primeiro, descobri que esses

---

[1] ELLs - English-Language Learners (aprendizes da língua inglesa. (N. da T.)

dois programas de formação de professores têm compromissos explícitos com a justiça social e a eqüidade. No entanto, a implementação desse compromisso, na prática, variou dentro de cada programa, ao longo de dimensões específicas que ajudam a mostrar, em termos específicos, as diferentes maneiras como a justiça social pode ser integrada em um programa de formação de professores. É importante notar que as diferenças entre as inclusões de justiça social entre os dois programas afetaram a visão dos futuros docentes sobre lecionar para alunos de diferentes perfis. Concluo, indicando as implicações para a prática e a pesquisa em formação docente.

Revisão da literatura

Historicamente, os programas de formação inicial de professores têm procurado aperfeiçoar a preparação de docentes para a diversidade, promovendo mudanças estruturais e curriculares em suas propostas. Por exemplo, os programas acrescentaram cursos em educação multicultural, exigiram a realização de estágios com alunos de diferentes perfis e ainda criaram oportunidades para os futuros professores – particularmente, professores brancos da classe média – refletirem sobre suas crenças e atitudes em relação aos alunos de cor e pobres (BANKS, 1995; GAY, 1994; GOODWIN, 1997; GRANT, 1994; LADSON-BILLINGS, 1995). Embora importantes, essas oportunidades, muitas vezes, têm sido planejadas em cima da estrutura fragmentada dos programas de formação de professores e têm tido um sucesso apenas limitado (COCHRAM-SMITH et al., 2003; GOODLAD, 1990; GRANT, 1994; GRANT; SECADA, 1990; HOWEY; ZIMPHER, 1989). Alguns programas procuram lidar com as deficiências dessas tentativas, por meio da incorporação de uma visão de ensino e aprendizado, focada nos princípios de justiça social, em uma, assim chamada, abordagem mais coerente.

Muitos argumentam que desenvolver a coerência do programa, em torno da educação multicultural e da justiça social, melhoraria a preparação dos professores para trabalharem com alunos de diferentes perfis (por exemplo, NIETO, 2000; VILLEGAS; LUCAS, 2002). Essas alegações se originam, em parte, da evidência empírica de que criar maior coerência em torno de uma visão específica de ensino e aprendizagem, tal como uma visão centrada no aprendiz, melhora as chances de os futuros professores se saírem melhor (por exemplo, SNYDER, 2000; ZEICHNER, 2000). No entanto, a pesquisa sobre a incorporação da justiça social é ainda limitada. A maior parte desse trabalho focaliza a integração dentro de disciplinas isoladas, ao invés de focar os programas como um todo.

Por exemplo, Ladson-Billings (1999a) usou a teoria racial crítica para ilustrar como indivíduos e programas desafiam, mais explicitamente, os futuros professores a lidar com questões de raça e desigualdade. Afirmou que o trabalho de Cochran-Smith, no *Boston College*, desafia os professores a investigar, mais diretamente, como a raça e o racismo permeiam suas visões e práticas, por encorajá-los a desenvolver cinco perspectivas diferentes que são cruciais para lidar com questões de diversidade racial e de linguagem: "Repensar o conhecimento e a experiência pessoais, situar o ensino na cultura da escola e da comunidade; analisar as oportunidades de aprendizagem das crianças, entender o pensamento das crianças e construir uma pedagogia reconstrucionista" (p. 229). Ladson-Billings também apontou um curso ministrado por Joyce King que usa a perspectiva teórica dos estudos sobre os negros (do inglês, *Black studies*) para desafiar os professores a repensar a própria formação e seu papel como agentes de mudança no ensino.

No entanto, essa tendência parece se transformar aos poucos. Uma recente revisão sobre a formação multicultural de professores menciona dois estudos (DAVIS, 1995; TATTO, 1996) que investigaram a inclusão desses temas nos programas como um todo (COCHRAN-SMITH *et al.*, 2003). Tatto (1996) descobriu que, embora os programas endossem princípios de justiça social, eles têm pouco impacto nas crenças arraigadas dos professores. Além disso, Ladson-Billings (2001) investigou as experiências dos futuros professores, em um programa focado, especificamente, em diversidade e ensino culturalmente relevante. O foco geral do estudo de Ladson-Billings foi as experiências e as práticas dos futuros professores e não o programa como um todo ou as oportunidades de aprendizagem dos docentes em formação sobre tais questões, por meio da análise de diferentes espaços no programa. Vavrus (2002) descreveu como o *Evergreen State College* adota a educação multicultural transformadora dentro dos padrões de seus programas. De acordo com sua perspectiva, o *Evergreen State College* é um claro exemplo de como os programas de formação de professores podem adaptar padrões fixados pelo Conselho Nacional de Credenciamento de Formação de Professores (*National Council for the Accreditation of Teacher Education*) para lidarem com questões de raça e diversidade de maneira mais integral.

Esses estudos apontam para questões cruciais em relação à integração da justiça social; destacam a importância das práticas dos formadores de professores, das experiências dos futuros professores e das políticas do programa. Fornecem um fundamento inicial, mas deixam questões-chave da implementação sem respostas. Por exemplo, Tatto (1996) constata os fracos impactos, sobre os futuros professores, dos programas que integraram essas perspectivas, mas não esclarece como tal integração ocorreu. Sem essa informação, tem-se pouca compreensão das causas básicas desses impactos tão limitados. Dessa maneira, tenho a intenção de ampliar essa linha que surge da pesquisa atual, por meio do exame das seguintes questões sobre a implementação da justiça social na formação de professores:

• Como os programas de formação de professores implementam a justiça social de um modo integrado, ao longo de todo o programa (por exemplo, incluindo as disciplinas e os locais para estágio)?

• Como são, em tais programas, as oportunidades de aprendizagem dos futuros professores sobre justiça social?

Fundamentação teórica

Recorri à teoria sociocultural (por exemplo, ENGESTRÖM; MIETTINEN, 1999; LAVE, 1988) e a uma teoria de justiça (YOUNG, 1990) como referência conceitual para esta investigação porque, juntas, elas fornecem conceitos essenciais para a compreensão do processo de integração de concepções de justiça social.

A teoria sociocultural parte da premissa de que uma tarefa complexa, como a formação docente para a diversidade, é um problema de aprendizagem dos professores. O desafio para a formação de professores é capacitar os docentes para usar um conjunto dinâmico de conhecimentos e para aprender na e a partir da prática (COCHRAN-SMITH; LYTLE, 1999; MCDONALD, 1992; SHULMAN, 1987, 1998). Nessa concepção, quem são os alunos e os professores, onde as escolas estão localizadas e os tipos de recurso disponível – junto com outros fatores contextuais – têm importância para o trabalho de ensinar e aprender. A teoria sociocultural reconhece essa complexidade e considera as oportunidades de aprendizagem dos futuros professores um conjunto de conhecimentos dentro do próprio sistema de atividades da formação docente. Nesse sistema, a aprendizagem dos docentes resulta da interação entre suas experiências anteriores e suas oportunidades de aprender em disciplinas acadêmicas e nos estágios supervisionados (por exemplo, ENGESTRÖM; MIETTINEN, 1999). Desse modo, essa perspectiva dirige a atenção para três unidades de análise inter-relacionadas: o programa como um todo, as disciplinas acadêmicas e os estágios supervisionados (ROGOFF, 1995).

A teoria sociocultural orientou o conjunto de dados e a análise acerca de várias questões que, teoricamente, afetariam o processo de implementação e as oportunidades de aprendizagem dos professores em formação:

- A missão de um programa e sua relação com os objetivos e metas dos participantes, das disciplinas e dos estágios supervisionados. De acordo com a teoria, a missão de um grupo – nesse caso, os programas de formação de professores – age para compor as metas, os propósitos e as práticas do sistema como um todo, assim como em um cenário individual, tais como disciplinas isoladas dentro do sistema (ENGESTRÖM; MIETTINEN, 1999; SCOTT, 1998). Com base nessa perspectiva, um programa no qual a missão de justiça social é articulada, por meio de cenários separados e sobrepostos de disciplinas e estágios supervisionados, deveria criar maior senso de coerência para os participantes e permitir maior aprendizagem (GROSSMAN, SMAGORINSKY; VALENCIA, 1999);

- As atividades do programa, inclusive as discussões nas disciplinas, a distribuição das atividades e trabalhos acadêmicos e as experiências dos futuros professores em estágios supervisionados. As atividades atuam para mediar a implementação da justiça social e de oportunidades de aprendizagem para os professores em formação. Como conseqüência, funcionam para moldar a participação dos indivíduos e sua apropriação de conceitos e práticas trabalhados nas disciplinas e nos estágios (por exemplo, ENGESTRÖM; MIETTINEN, 1999; SMAGORINSKY, COOK, JACKSON, MOORE; FRY, 2004; WERTSCH, 1995);

- As ferramentas conceituais e as práticas fornecidas aos futuros professores sobre lecionar para a justiça social. Ferramentas conceituais são os princípios, as referências ou as diretrizes que os professores usam para orientar suas decisões sobre ensino e aprendizagem (GROSSMAN et al., 1999). Ferramentas conceituais podem incluir teorias gerais aplicáveis, tais como o construtivismo, e o apoio didático, ou visões mais filosóficas relacionadas aos propósitos do ensino, tal como a justiça social. Embora ferramentas conceituais facilitem a fundamentação e as interpretações da prática dos professores, não oferecem soluções específicas ou estratégias para negociação dos dilemas que surgem nas salas de aula (GROSSMAN et al., 1999; SMAGORINSKY et al., 2004). Ferramentas práticas são as "práticas da sala de aula, as estratégias e os resultados que não servem como conceitos gerais para orientar um conjunto de decisões mas, em vez disso, têm uma utilidade mais local e imediata" (GROSSMAN et al., 1999, p. 14).

A teoria sociocultural convida-nos a olhar para os programas de formação de professores enquanto sistemas e enfatiza os conceitos acima, mas não fornece uma base teórica para compreender o que se aprende, por meio dos programas, atividades e ferramentas. A teoria sociocultural sugere que o conteúdo é importante, e isso me induziu a pesquisar uma noção de conteúdo, no nosso caso, a justiça social.

Recorri à teoria de justiça social, representada por Iris Marion Young (1990), em seu livro *Justice and the Politics of Difference,* porque ela fornece uma teoria da justiça e opressão, sistemática e detalhada. Esse conceito de justiça destaca formas institucionalizadas de opressão e oferece conceitos para a compreensão de como os programas ajudam os futuros professores a aprender que a experiência de opressão varia de acordo com o indivíduo e com os grupos. Essa teoria também identifica aspectos de justiça que auxiliam um exame das dimensões de justiça enfatizadas dentro da formação docente. De acordo com essa teoria, a justiça

- envolve, mas não está, exclusivamente, relacionada à distribuição de bens entre os indivíduos;
- inclui relações sociais e processos;

- reconhece os indivíduos como membros de grupos sociais, cujas oportunidades e experiências são influenciadas, mas não determinadas, por suas filiações; e
- exige atenção às diferenças do grupo social, ao invés de negá-las.

As teorias tradicionais de justiça argumentam que a distribuição justa de bens materiais para os indivíduos é a via principal para atingir a justiça social (ANDERSON, 1999; YOUNG, 1990). Essas teorias defendem, então, a noção de justiça social como a divisão proporcional dos bens e recursos para os indivíduos, os quais são, porém, vistos como independentes do contexto institucional e das estruturas sociais. Young (1990) complicou esse enfoque, ao propor que a teoria de justiça deveria se preocupar com o papel das relações sociais: como as pessoas interagem, quem são elas e o que elas fazem. No centro de tal concepção, existe a idéia de que os indivíduos são membros de grupos sociais e que as diferenças entre os grupos sociais estruturam as relações. Valendo-se dessa perspectiva, "onde as diferenças dos grupos sociais existem e alguns grupos são privilegiados, enquanto outros são oprimidos, a justiça social requer, explicitamente, reconhecer e atender às diferenças desses grupos a fim de minar a opressão" (YOUNG, 1990, p. 3). Dessa maneira, lidar com a injustiça requer desenvolver respeito pelas diferenças de grupo, sem reafirmar ou restabelecer aspectos de opressão. Essa definição sugere que a formação de professores para a justiça social proporciona aos futuros docentes oportunidades de desenvolver respeito pelas diferenças individuais e reconhecer como essas diferenças podem ser influenciadas pelas filiações dos indivíduos a grupos sociais específicos, tais como aqueles baseados em raça, etnia ou classe. Uma visão de justiça em que os indivíduos são membros de grupos sociais, as oportunidades de aprendizagem são influenciadas, mas não determinadas pela associação de um indivíduo a um grupo, e as diferenças dos grupos sociais são reconhecidas, ao invés de negadas, convida-nos, no caso da análise da formação de professores para a justiça social, a refletir sobre as oportunidades que os futuros docentes têm para se apropriarem dessas idéias.

METODOLOGIA

Utilizei esse referencial para orientar um estudo de caso qualitativo e baseado em pesquisa comparativa de dois programas de formação de professores do ensino fundamental – o *Teachers for Tomorrow's Schools Program*, no Mills College, e o *Teacher Education Intern Program*, na Universidade Estadual de San José – que fazem da justiça social e da eqüidade o cerne da preparação de futuros docentes[2]. Uma meta fundamental deste estudo foi desenvolver uma rica descrição da implementação da justiça social, na prática. Uma abordagem essencialmente qualitativa me permitiu examinar, em cada programa, profundamente e ao longo do tempo, as práticas, os desafios e sucessos cotidianos dos membros do corpo docente e dos futuros docentes (MERRIAM, 1988; RAGIN, 1987). Por meio do contato prolongado e intensivo com esses programas, obtive uma compreensão das experiências dos indivíduos, dos grupos e das organizações, que me permitiram examinar a complexidade das relações e interações dentro e por meio dos diferentes contextos (MILES; HUBERMAN, 1994). Baseada em situações e no contexto da vida real, este estudo de caso permitiu um relato holístico e vibrante sobre a implementação prática da justiça social.

O pré e o pós-teste (pesquisa do tipo "*survey*") complementaram essa abordagem qualitativa, focando nas crenças e nas atitudes dos futuros professores sobre o ensino e sobre sua preparação, ao investigar as variáveis quantificáveis e os resultados. A pesquisa do tipo "*survey*" foi decisiva para este estudo, por uma série de razões. Primeiro, ela permitiu a identificação das crenças e as atitudes dos futuros professores, no início do curso, a respeito do ensino e dos alunos, que a literatura especializada diz afetar suas experiências de formação docente (por exemplo, KENNEDY, 1999). Segundo, ela situou as respostas das entrevistas, de cada participante do estudo de caso, dentro do contexto de um grupo mais amplo de futuros professores. Terceiro, ela permitiu uma comparação de resultados, entre os dois contextos, por propiciar medidas padronizadas que captaram mudanças nas crenças e atitudes dos licenciandos, ao longo do tempo. Essa metodologia mista me permitiu triangular resultados e identificar conceitos complexos, cruciais para esta pesquisa. Como será apresentado, neste capítulo, respostas a itens específicos da pesquisa do tipo "*survey*" corroboraram resultados baseados na análise qualitativa.

---

[2] Ambos os programas concordaram em ser reconhecidos publicamente como parte desta pesquisa. Os nomes de todas as pessoas, porém, são pseudônimos.

Seleção do local

Utilizei uma estratégia de amostragem intencional para a escolha do local. Os programas foram escolhidos não porque representavam exemplos extremos ou ideais de formação de professores para a justiça social, mas porque eram lugares estratégicos, ricos em informação (Cresswell, 1994; Ragin, 1987). Para selecionar os locais, procurei por programas que

- demonstravam um compromisso com a justiça social e a diversidade que ia além de um foco a curto prazo ou volúvel sobre tais questões;
- apoiavam os futuros professores para trabalhar em escolas com alunos de perfis diversificados;
- estavam engajados em um processo de integrar a justiça social por meio da oferta de várias disciplinas e locais de estágio; e
- fossem similares em termos de sua estrutura: os dois são programas de formação de professores para as cinco primeiras séries do ensino fundamental, em que os licenciandos trabalham em grupos, e que exigem um ano inteiro de estágio supervisionado.

A teoria sociocultural nos sugeriu que a integração da justiça social aos programas de formação de professores seria realizada por meio de contextos mais amplos, nos quais tais programas estivessem situados (Wenger, 1998). De acordo e além do que foi dito acima, selecionei, intencionalmente, programas situados em diferentes contextos e com diferenças em termos dos espaços de tempo para implementação da proposta de justiça social. Mills, uma instituição particular, lida com questões sobre a justiça social, por mais de uma década. Por outro lado, a Universidade de San José, uma grande instituição pública, estava no seu primeiro ano de implementação de uma proposta integrada de justiça social. Há uma série de instituições, em todo o país, que corresponderiam a esse critério, mas escolhi esses dois locais, próximos à minha casa, para possibilitar a permanência por um tempo maior, *in loco*, que a teoria e o planejamento da minha pesquisa exigem[3].

---

[3] Não tenho nenhuma associação oficial com qualquer uma dessas instituições.

Estudo de caso para a seleção dos participantes

Em virtude de a teoria sociocultural afirmar que a experiência dos indivíduos é decisiva para a implementação da justiça social na formação de professores, acompanhei uma amostra de dez futuros professores (cinco em cada programa). O estudo de caso das perspectivas desses docentes em formação possibilitou-nos perceber como os programas oferecem aos licenciandos oportunidades de aprender conceitos e práticas relacionados à justiça social. Utilizando as respostas que os futuros professores deram ao levantamento inicial de dados (*"survey"*) e as observações preliminares sobre discussões a respeito dos cursos, selecionei, para o estudo de caso, uma amostra de docentes em formação, de acordo com os seguintes critérios: características demográficas, opiniões sobre ensino e sobre os alunos, experiências prévias de ensino, conhecimento dos compromissos dos programas com a justiça social e a designação dos locais de estágio[4].

A análise das respostas iniciais dos licenciandos, levantadas por meio do questionário (*"survey"*), indicou que as respostas médias dos participantes do estudo de caso se assemelhavam àquelas de seus grupos maiores. No caso de Mills, a resposta média do grupo aos itens do questionário foi de 4,1 pontos em 5, na escala tipo Likert, com alcance de 1 a 5, com um desvio padrão de 0,237. A resposta média dos participantes do estudo de caso, de Mills, aos itens do questionário, também foi de 4,1, com um desvio padrão de 0,319. No caso da Universidade de San José, a média das respostas do grupo aos itens do questionário foi 3,9, com um desvio padrão de 0,336, e a resposta média dos participantes do estudo de caso foi 4,1, com um desvio padrão de 0,198. Os dois grupos variavam em idade, raça e etnia, e selecionei indivíduos que variavam dentro dessas características demográficas, embora eles não representassem toda a gama de diversidade em cada grupo. Além disso, observei as experiências prévias de ensino dos futuros professores como um possível fator que influenciaria seu aprendizado para lecionar e seu reconhecimento da justiça social e eqüidade como questões importantes na prática de ensino. Incluí futuros professores, com pouca ou nenhuma experiência prévia de ensino,

---

[4] Para uma descrição dos itens do questionário, ver McDonald (2003).

e alguns, com mais de um ano de experiência docente. Percebi que se eu usasse aqueles critérios, de maneira isolada, meu estudo poderia ser criticado como tendencioso, em termos da seleção da amostra. Para evitar isso, incluí, na amostra, futuros professores que, explicitamente, reconheciam e se matricularam no programa por causa de sua missão de justiça social, e candidatos que não consideravam a missão de justiça social do programa como o fator principal na sua escolha[5]. A Tabela 1 lista características selecionadas dos participantes do estudo de caso.

TABELA 1 – Características dos participantes do "estudo de caso"

Participante	Idade	Raça/Etnia	Experiência prévia de trabalho
Mills College			
Vanessa	26	Mista: Porto-Riquenha, Havaiana, Portuguesa e Caucasiana	Diretora de sindicato
Melissa	22	Caucasiana	Professora estagiária
Claudia	49	Caucasiana	Administradora em empresas sem fins lucrativos
Abigail	45	Caucasiana	Administradora em empresas corporativas
Dominique	24	Mista: Afro-Americana e Caucasiana	Professora em tempo integral no *Teach for America*
Universidade de San José			
Kate	29	Mista: Caucasiana e Latina	Professora, em tempo integral, em escola particular
Heather	27	Caucasiana	Instrutora de ginástica
Sandra	42	Caucasiana	Professora, em tempo integral, em escola pública
Margaret	23	Chino-Americana	Graduada: um semestre como professora de Inglês como Segunda Língua (ESL) na China
Biaggi	26	Mista: Caucasiana e Afro-Americana	Ajudante em uma ala de Alzheimer; voluntária nos Jogos Para-Olímpicos

FONTES DOS DADOS

Este estudo trabalha com dados coletados, de agosto de 2001 até junho de 2002: período completo para a integralização dos créditos dos alunos matriculados em ambos os programas. Baseando-se na

---

[5] Três dos cinco participantes do estudo de caso, em Mills, escolheram, explicitamente, o programa por causa de sua preocupação com a justiça social e a eqüidade. Apenas um dos cinco participantes do estudo de caso, da Universidade de San José, tinha, ao entrar, consciência do foco do programa em justiça social e eqüidade. É importante ressaltar que a maioria dos futuros professores da Universidade de San José não tinha consciência da ênfase do programa em justiça social.

teoria sociocultural, os métodos de coleta de dados focalizaram os múltiplos níveis de análise: o programa como um todo, as disciplinas acadêmicas e os locais de estágio, além dos futuros professores. Triangulei os dados provenientes de entrevistas individuais semi-estruturadas, feitas com membros do corpo docente e com os dez participantes do estudo de caso; observações de disciplinas acadêmicas e dos locais de estágio desses participantes; uma análise de documentos, tais como relatórios de credenciamento, planos de curso e distribuição de atividades; e o pré e o pós-teste (*"survey"*) do grupo de licenciandos em Mills e na Universidade de San José[6]. Os resultados apresentados neste capítulo recorrem a um subconjunto desses dados, principalmente as entrevistas com o corpo docente e com os futuros professores, observações das disciplinas acadêmicas e dos estágios, além das respostas a itens específicos do questionário (*"survey"*). Realizei, especificamente, um total de 22 entrevistas com membros do corpo docente para avaliar a extensão na qual os programas pretendem incorporar a justiça social e ter uma idéia dos objetivos das disciplinas e dos trabalhos acadêmicos. Também realizei 67 observações em disciplinas acadêmicas para checar a inclusão da justiça social no conteúdo e em sua didática[7]. Essas observações facilitaram uma compreensão detalhada das oportunidades de aprendizagem dos futuros professores sobre justiça social, por meio das discussões nas disciplinas, atividades em sala de aula e trabalhos acadêmicos.

Para melhor compreender a visão dos futuros professores, no que diz respeito a suas oportunidades de aprendizagem sobre justiça social, entrevistei, três vezes, cada participante do estudo de caso, no início, no meio e no fim de sua presença no programa. Nessas entrevistas, os futuros professores refletiram sobre as disciplinas que cursaram e sobre os trabalhos, as experiências no estágio e suas concepções de justiça

---

[6] O tamanho da amostra da pesquisa, em Mills, foi de 24, com uma média de resposta de 77,4%. O tamanho da amostra da pesquisa, na Universidade de San José, foi 22, com uma média de resposta de 88%.

[7] Observei as seguintes disciplinas, em Mills: "Aprendizado e Desenvolvimento Infantil", "Currículo Geral e Didática", "Introdução ao Ensino", "Ensinando Aprendizes da Língua Inglesa", "Seminário de Supervisão do Estágio" e "Imersões no Programa". Na Universidade de San José, observei as seguintes disciplinas: "Supervisão da Sala de Aula", "Fundamentos Multiculturais, Letras e Letramento" e "Seminário de Supervisão do Estágio". De ambos os programas, reuni os planos de curso e as descrições das atividades para todas as disciplinas.

social, sobre os alunos e sua própria formação docente. Observei os participantes do estudo de caso, aproximadamente, três vezes, cada um deles, em seus locais de estágio e como aquelas experiências se cruzavam com suas oportunidades de aprendizagem nas disciplinas.

ANÁLISE DOS DADOS

A análise dos dados ocorreu por meio de um processo interativo. Como mencionei acima, comecei a analisar meus dados utilizando conceitos da teoria sociocultural e codifiquei-os em relação à observação das disciplinas, no que concerne às oportunidades de aprendizagem de ferramentas conceituais e práticas (MERRIAM, 1988; MILES; HUBERMAN, 1994). Também organizei os dados relativos as missões do programa e dos planos de curso para identificar a intenção dos programas e dos membros do corpo docente de incluírem a justiça social ao longo dessas iniciativas. Durante a análise inicial, observei padrões que não foram totalmente apreendidos pela teoria sociocultural, padrões que pareciam específicos para a justiça social. Em seguida, desenvolvi um conjunto de códigos, com base no conceito de justiça social de Young (1990), que incluíam conceitos de justiça ao atender individualmente as necessidades dos aprendizes, justiça com foco nas relações sociais e uma visão do indivíduo como pertencente a grupos sociais mais amplos. Organizei os dados advindos das observações, das entrevistas e dos documentos, de acordo com esse esquema de codificação. Organizei todos os dados qualitativos, por meio do NUD★IST[8], para facilitar a análise interprogramas e a análise da incorporação da justiça social por intermédio dos contextos dos programas.

A análise incluiu ainda o tratamento estatístico, descritivo e separado, das respostas, de cada grupo, ao questionário. Como mencionei antes, analisei as respostas dos cinco participantes do estudo de caso, em cada programa, para determinar quão rigorosamente eles representavam a média do grupo para questões específicas. Para entender mudanças nas concepções dos futuros professores, ao longo do tempo, realizei testes t pareados em itens específicos. A análise aqui apresentada

---

[8] Software NUD★IST (Non Numerical Unstructed Data Indexing, Searching and Theorizing) é uma ferramenta de informática aplicada ao tratamento de dados com características qualitativas (N. da T.).

usa as respostas dos futuros professores a itens do questionário relacionados com suas crenças e atitudes para ensinar alunos racialmente e etnicamente diferentes e estudantes da língua inglesa.

RESULTADOS

Este estudo revelou dois grandes resultados: (a) esses programas pretendem, *sim*, incorporar a dimensão de justiça social, e (b) a implementação da justiça social variou, na prática, segundo algumas dimensões específicas que informam as oportunidades de aprendizagem dos futuros professores. Retomo cada um desses resultados nas subseções abaixo.

Intenções do programa para incorporar a justiça social

Uma combinação de fontes, incluindo as entrevistas com membros do corpo docente e documentos do programa, tais como relatórios de credenciamento e planos de curso de várias disciplinas, confirmou que ambos, Mills e a Universidade de San José, pretendem enfocar a justiça social como uma precondição essencial para a implementação de metas mais complexas (LAVE WENGER, 1991; WENGER, 1998). Por exemplo, a missão de Mills reflete um compromisso com a justiça, como declarado em seu "Manual do Estudante", para 2001 e 2002:

> Guiados por uma ética de cuidado e justiça social, que inclui um compromisso com a justiça e o acesso, pretendemos criar um ambiente para a aprendizagem dos futuros professores que promova uma real exploração das questões associadas ao ensino em condições complexas e em constante transformação das escolas urbanas.

Além disso, o corpo docente de Mills desenvolveu um conjunto de princípios básicos para esclarecer seu compromisso com a justiça social e a eqüidade. Por exemplo, um princípio reconhece o ensino como um ato político e declara que

> O candidato deve reconhecer o poder da educação em prover o acesso à plena participação em uma sociedade democrática para todos os alunos. O candidato deve demonstrar práticas de

ensino que aumentem o conhecimento, as habilidades e as disposições de todos os alunos, de forma justa, e que atraiam, valorizem e honrem múltiplas perspectivas.

A maioria dos membros do corpo docente relatou, nas entrevistas, que planejaram esse princípio, juntamente com outros, para explicitar uma visão de justiça social como a que ajuda a todos os alunos, provenientes de todos os perfis socioeconômicos e culturais, a terem sucesso, para enunciar os padrões para os futuros professores e para orientar decisões a respeito de planejamento, currículo e avaliação[9].

Em segundo lugar, de acordo com as observações das aulas, planos de curso e outros documentos, verifiquei que a maioria das disciplinas de Mills enunciava objetivos e metas relacionados à justiça social e à atenção a licenciandos de perfis diferenciados. Por exemplo, o plano de curso da disciplina "Currículo Geral e Didática" definiu que "toda discussão focalizará em justiça e, dessa forma, avaliará as formas de corresponder às necessidades de cada aluno, levando em consideração a raça, etnia, sexo, nível sócio-econômico, língua, diferentes condições físicas, mentais e emocionais etc." A professora da disciplina, em uma entrevista, explicou em detalhes essa meta, e afirmou que ela se esforça para ajudar os futuros professores a reconhecerem que "questões de eqüidade e justiça social não [são] escolhas aleatórias, mas escolhas políticas do que se vai ensinar". Além disso, o plano de curso da disciplina "Introdução ao Ensino" indicou, por exemplo, que os futuros professores deveriam conhecer os propósitos das escolas, especialmente, aquelas influenciadas por uma população de alunos, em constante mudança; como professores poderiam ajudar os alunos a tirarem plena vantagem do ensino; e como os "benefícios da diversidade [são] subvertidos pelo racismo, sexismo, homofobia, classismo e outras formas de opressão".

A missão da Universidade de San José também enuncia um compromisso com a justiça social e a eqüidade, ainda que tenha se desenvolvido mais recentemente que aquela de Mills. Logo antes do início

---

[9] Os outros princípios básicos incluíam: visões de ensino como um ato moral baseado em uma ética de cuidado, um ato de investigação e reflexão, um ato coletivo e algo focalizado na aquisição e construção do conhecimento do conteúdo; além de uma visão de ensino como um processo construtivo e em evolução.

deste estudo, os membros do corpo docente revisaram a missão do programa a fim de enfocar, mais explicitamente, as questões de justiça. O seguinte trecho da missão da Faculdade de Educação ilustra essa ênfase:

> Os docentes da Faculdade de Educação acreditam que a excelência e a eqüidade são importantes – que cada uma delas é necessária e nenhuma é suficiente na ausência da outra... Eqüidade se refere, em primeiro lugar, a acesso, e, em última análise, a resultados.... Nossa Faculdade trabalha para atingir a eqüidade na ação, quer dizer, não por decreto, mas por meio do processo e da prática. (Universidade Estadual de San José, Faculdade de Educação, s.d)

Nos planos de curso também havia visível evidência de que os membros do corpo docente da Universidade Estadual de San José pretendiam abordar tais questões como parte do conteúdo de suas disciplinas. Por exemplo, o plano de curso da disciplina "Fundamentos Psicológicos" identificava objetivos específicos de eqüidade para os futuros professores e determinava que os candidatos deveriam ser capazes, por exemplo, de "usar princípios psicológicos para identificar e examinar fontes de injustiça na sala de aula e desenvolver aulas que consideram os perfis e as experiências anteriores dos alunos como os fundamentos para o aprendizado". Os planos de curso das disciplinas "Métodos do Ensino de Linguagem" e "Métodos de Ensino de Matemática", e, como era de se esperar, "Fundamentos Multiculturais", determinavam explicitamente que os futuros professores deveriam ser preparados para lecionar classes culturalmente, lingüisticamente e academicamente diversificadas. O plano de curso de "Fundamentos Multiculturais" esboçava ainda objetivos específicos, tais como "desenvolver a competência cultural dos professores e ajudá-los a analisar criticamente as origens da desigualdade e da injustiça".

Em resumo, esse conjunto inicial de resultados serviu para confirmar que os programas pretendiam integrar a justiça social e a eqüidade em suas proposições. A teoria sociocultural afirma que as estruturas formais, tais como as missões do programa e os objetivos e metas das disciplinas, podem influenciar a prática efetiva, porém, elas não garantem, nem prescrevem, como tais propósitos deveriam ser concretizados na prática (ENGESTRMÖM, 1996; GROSSMAN et al., 1999; SMAGORINSKY et al., 2004). Nas duas próximas seções, me ocupo das seguintes questões: (a) em que medida as intenções do programa, relacionadas à justiça social, foram colocadas em prática? e (b) como elas foram implementadas?

Integração da justiça social na prática

Verifiquei que os dois programas variavam em termos de como incorporavam a justiça social. Esse ponto por si só não é de surpreender. A variação é uma constatação rotineira em estudos de implementação de várias espécies. No entanto, fui capaz de identificar duas dimensões específicas, ao longo das quais a implementação da justiça social variava. Identifiquei essas dimensões, no processo de análise dos dados, ao considerar a maneira que temas e padrões, que surgiam dos dados, se relacionavam aos conceitos da teoria sociocultural e a uma teoria de justiça social. Essas constatações – as variações específicas – são importantes porque ajudam a elaborar as escolhas estratégicas com que se defrontam os programas de formação de professores que objetivam integrar a justiça social, e o que conta como integração de justiça social de uma maneira dinâmica e consistente com a teoria sociocultural. Essa conceitualização da incorporação da justiça social reflete que não há melhor maneira de se aderir a esse propósito, mas sim, múltiplos caminhos ao longo de um conjunto específico e contínuo. A Figura 1 ilustra essas dimensões específicas.

FIGURA 1: Dimensões das oportunidades de aprendizagem dos futuros professores sobre justiça social

		Ferramentas conceituais	Ferramentas Práticas
Individual	Alunos identificados como independentes de suas filiações a grupos sociais mais amplos		
Organizacional	Alunos identificados por filiação a uma categoria educacional		
	Alunos identificados por filiação a um grupo(s) oprimido(s)		
Institucional	Reconhecimento de que a opressão é resultado de pressões institucionais		

Nesta seção, descrevo, em primeiro lugar, as dimensões dessa estrutura. Depois, mostro como os programas variaram em termos das oportunidades que proporcionaram, aos futuros professores, de aprenderem sobre aspectos específicos do que é ensinar com base em uma perspectiva de justiça social.

A estrutura. Para explicar, em detalhes, percebi que as oportunidades de aprendizagem dos futuros professores variaram em termos da sua ênfase em ferramentas conceituais e práticas, indicada pela série contínua horizontal na Figura 1. De acordo com a teoria sociocultural, as ferramentas conceituais incorporam estratégias pedagógicas específicas e, do mesmo modo, as ferramentas práticas são a representação de conceitos mais gerais (WERTSCH, DEL RRIO e ALVAREZ, 1995). Por exemplo, os futuros professores podem ser introduzidos à uma ferramenta conceitual de suporte, por meio das leituras em uma disciplina, e também ensinados sobre estratégias específicas de didáticas de apoio para aprendizes da língua inglesa.

As oportunidades de aprendizagem dos futuros professores também variaram em termos do conceito de justiça social utilizado em cada oportunidade. Agrupei meus dados em categorias semelhantes e verifiquei que a visão de justiça de Young (1990) ajudava a distinguir entre esses agrupamentos. O lado esquerdo da Figura 1 ilustra esses diferentes aspectos de justiça social que focalizavam nos níveis individual, organizacional e institucional. A categoria individual inclui oportunidades dos futuros professores levarem em consideração a justiça social no contexto das necessidades de cada aluno, conforme noções distributivas de justiça. De acordo com Young, as oportunidades dentro da categoria organizacional foram aquelas que ajudaram os futuros professores a considerarem a experiência dos indivíduos como influenciada por suas associações a grupos sociais. A primeira subcategoria, alunos identificados por associação a uma categoria educacional, refere-se a alunos que são identificados por suas necessidades educacionais específicas, tais como aprendizes da língua inglesa ou alunos da educação especial. A segunda subcategoria, alunos identificados por sua filiação a um grupo oprimido, diz respeito a oportunidades nas quais os futuros professores focam as necessidades educacionais dos alunos no contexto de suas filiações a grupos oprimidos: seu *status* enquanto influenciado pela raça, etnia, sexo, classe, e/ou orientação sexual, por exemplo.

A categoria institucional identifica as ocasiões em que os futuros professores levam em consideração a justiça social como associada a arranjos institucionais mais amplos, tais como classe e classismo. Essa categoria inclui as oportunidades dos professores de aprenderem que a opressão não é somente o resultado da ação individual mas de pressões mais amplas colocadas sobre pessoas em particular (YOUNG, 1990). As oportunidades, nessa categoria, encorajaram os futuros professores a repensar os propósitos mais evidentes do ensino, bem como os próprios perfis socioeconômicos e culturais e o papel do poder e do privilégio no ensino e aprendizagem.

A prática do programa. Por meio de várias entrevistas, observações e análise de documentos, surgiu um padrão distinto dentro dessa estrutura: as oportunidades de aprendizagem dos futuros professores em relação às ferramentas conceituais sobrepujaram, de longe, suas oportunidades de aprenderem as ferramentas práticas. Isso é importante porque indica que esses dois programas foram capazes de fazer que os licenciandos incorporassem, mais facilmente, conceitos relacionados à justiça social do que práticas que exemplificam tais princípios. Isso sugere que incluir práticas pode exigir tipos de conhecimentos, recursos e suportes diferentes daqueles requeridos para incorporar ferramentas conceituais relacionadas à justiça social. Uma elaboração completa de cada uma dessas dimensões vai além do escopo deste capítulo e está relatada em outra publicação (McDONALD, 2003). Aqui, apresento minhas constatações relacionadas à categoria organizacional e as oportunidades de aprendizagem dos futuros professores sobre alunos identificados como membros de categorias educacionais e como membros de grupos sociais mais amplos.

Oportunidades de aprender sobre justiça social focalizada nos alunos identificados por sua filiação a categorias educacionais. Uma comparação das oportunidades de aprendizagem dos futuros professores nessa dimensão revelou descobertas primordiais: (a) os licenciandos tiveram oportunidades de aprender sobre alguns grupos de alunos mais do que outros (por exemplo, aprendizes de língua inglesa *versus* alunos de educação especial); (b) algumas oportunidades favoreceram mais o desenvolvimento de ferramentas conceituais do que de ferramentas práticas, de modo que tivessem algum efeito na visão de ensino dos futuros professores; e (c) os estágios supervisionados funcionaram como um mediador fundamental nas oportunidades de aprendizagem dos licenciandos.

Pode-se afirmar que, nos dois programas, os futuros professores tiveram poucas oportunidades de aprender conceitos e práticas para trabalharem com alunos com necessidades especiais. As observações revelaram que nenhum dos programas forneceu aos licenciandos oportunidades, nas disciplinas, para explorarem tais questões, em geral, ou na medida em que elas diziam respeito à justiça social em particular. Houve uma exceção, em Mills: a disciplina de "Currículo Geral e Didática" chamou a atenção dos futuros docentes para o princípio de que professores deveriam tentar adaptar seu ensino para corresponder às necessidades individuais dos alunos de educação especial. Essa disciplina proporcionou aos licenciandos tempo para considerarem seu trabalho com alunos de educação especial, no que concerne a atenderem suas necessidades individuais, mas as discussões, em duas aulas, evitaram debates políticos mais amplos no que diz respeito à integração e inclusão. Por exemplo, o professor assistente de "Currículo Geral e Didática" começou uma discussão, com todo o grupo, a respeito de inclusão, afirmando:

> Independente de onde você estiver nessa questão [de total inclusão], as chances de haver uma criança com necessidades especiais em sua sala de aula são muito altas – isso não é algo que iremos debater sobre inclusão total ou opcional. Mas o que é realmente vital pensar é como você irá atingir as necessidades das crianças com necessidades especiais e das outras crianças de sua sala de aula.

Essa citação reflete a abordagem geral da disciplina para corresponder às necessidades dos alunos de educação especial como uma questão individual – a de atender às necessidades de cada aluno dentro dos contextos de suas salas de aula. Essas oportunidades, como observadas, não capacitam os futuros professores para lutarem contra questões políticas mais amplas, que dizem respeito à educação especial, como no caso das experiências transformadoras ou reconstrucionistas, que muitos têm defendido, consideradas fundamentais para se aprender como ensinar (BANKS, 2002; LISTON E ZEICHNER, 1991).

Tanto Mills como a Universidade de San José propiciam aos futuros professores oportunidades para se desenvolverem ferramentas conceituais e práticas relacionadas ao ensino de aprendizes da língua inglesa. No entanto, observa-se que a maioria das disciplinas enfatizava o conceitual em detrimento da prática, suprindo os licenciandos, em vez de práticas, de oportunidades para desenvolverem princípios mais gerais para trabalharem com aprendizes de língua inglesa. Em particular, essas oportunidades enfatizavam o princípio geral de que os professores têm a obrigação de adaptar sua didática para atenderem às necessidades dos aprendizes da língua inglesa, porém, proporcionavam poucas estratégias de como os professores deveriam fazer tais adaptações. Uma das atividades do curso exigia dos licenciandos "serem muito explícitos sobre como [eles] irão corresponder às necessidades dos alunos L.E.P.[10] em níveis variáveis de proficiência no inglês", mas a disciplina, em si, fornecia aos futuros professores poucas estratégias de como eles deveriam adaptar sua didática para corresponder a tais necessidades dos alunos.

A única exceção a essa prática geral era a disciplina "Ensinando Aprendizes de Língua Inglesa" (*Teaching English Language Learners*), em Mills. Essa disciplina desafiava os licenciandos a pensarem tanto sobre a importância de se adaptar a didática para os aprendizes da língua inglesa quanto como fazer tais adaptações na prática. Por exemplo, o professor explorou a lógica e as práticas do modelo de ensino recíproco. Primeiro, ele introduzia o modelo:

> Eles levaram em consideração as estratégias que os leitores experientes usam. Descobriram que os leitores experientes tendem a sintetizar o que lêem; tipicamente, fazem perguntas; também fazem suposições; e esclarecem – uh, eu penso, é assim que as coisas são? Todas as quatro estratégias estão acontecendo continuamente. Então, sua abordagem foi ver se eles podiam ensinar essas estratégias aos alunos. Essencialmente, agruparam os alunos e pediram a eles que assumissem cada um dos quatro papéis. Ensinaram essa abordagem aos alunos apoiando-se no ensino recíproco.

Para suplementar a compreensão conceitual desse modelo, por parte dos licenciandos, o professor mostrou como aquele modelo poderia precisar ser adaptado para aprendizes da língua inglesa e, então, deu aos futuros professores um tempo para trabalharem com o modelo:

---

[10] L.E.P. Limited-English-Proficient (pouco proficientes no inglês). (N. da T.).

> Mas, algumas vezes, é pedir demais para os alunos aprendizes da língua inglesa. O outro lado da moeda é uma versão modificada [do ensino recíproco] – (1) sentarem-se lado a lado e um aluno lê em voz alta, (2) o aluno B, então, pergunta ao aluno A duas questões. Há quatro níveis de perguntas e são níveis crescentes de sofisticação. Então, vamos experimentar isso e ver como funciona...

Nessa disciplina, o professor proporcionou consistentemente oportunidades para os licenciandos relacionarem ferramentas conceituais a ferramentas práticas que eles poderiam, então, usar em seu trabalho com aprendizes da língua inglesa. Nas entrevistas, os participantes do estudo de caso de Mills, muitas vezes, ponderaram que, além de ajudá-los a desenvolver conceitos, essa disciplina também os ajudou a aprender estratégias para trabalharem com aprendizes da língua inglesa. Por exemplo, Dominique comentou:

> Senti que a aula dele nos deu um monte de maneiras diferentes de apresentar a informação a nossas crianças, então, de certo modo, ele nos deu aquelas algo concreto. Em outras disciplinas – isso é secundário – as coisas importantes são "Qual é seu propósito para estar aqui? Qual é seu propósito como professora?"

Essa disciplina representou uma importante diferença entre a integração da justiça social, que enfatiza as necessidades dos aprendizes da língua inglesa, em Mills e na Universidade de San José. Por causa desse curso, os futuros professores de Mills tiveram oportunidades de relacionar conceitos e práticas a respeito do ensino de aprendizes da língua inglesa. Em contrapartida, os licenciandos da Universidade de San José, na maioria das vezes, tiveram oportunidades de aprender a idéia de que eles deveriam se adaptar aos aprendizes da língua inglesa, mas tiveram poucas ocasiões para pensar como poderiam executar aquela idéia, na prática.

As reflexões e respostas dos participantes do estudo de caso a itens selecionados do questionário sugerem que diferenças nas oportunidades de aprendizagem proporcionadas pelos programas levaram os futuros professores a se sentirem preparados, de diferentes maneiras, para ensinarem aprendizes da língua inglesa. As entrevistas realizadas com os professores, durante sua formação, indicaram que, em ambos os programas, os licenciandos sentiram recorrentemente que era de sua responsabilidade adaptar a didática para corresponder às necessidades dos aprendizes da língua inglesa. Os licenciandos, de ambos os grupos, apropriaram-se dessa ferramenta conceitual. A análise do questionário revelou que tanto os licenciandos de Mills como os da Universidade de San José tiveram ganhos positivos, mas não significativos, em termos de compreenderem o conceito de que, como professores, deveriam adaptar a didática para corresponder às necessidades dos aprendizes da língua inglesa. Na escala, tipo Likert, de 5 pontos, abrangendo desde *discordo totalmente* até *concordo totalmente*, os candidatos de Mills, em média, começaram o ano concordando totalmente (especificamente, 4,46) que os professores deveriam adaptar a didática para atender às necessidades dos aprendizes da língua inglesa. Por volta do final do ano, sua resposta média havia aumentado para 4,83, indicando uma pequena mas positiva mudança. Os candidatos da Universidade de San José iniciaram o ano com uma resposta média de 4,05 e concluíram aquele período letivo com uma resposta média de 4,76, novamente demonstrando uma tendência positiva. Essas constatações sugerem que, nesses dois programas, as oportunidades dos futuros professores para aprender o conceito sobre adaptar a didática a fim de corresponder às necessidades dos aprendizes da língua inglesa tiveram algum impacto, nesse curto espaço de tempo, sobre as suas concepções de ensino[11].

Para além dessa tendência geral, os futuros professores de Mills expressaram um sentimento mais confiante na sua habilidade para ensinar aprendizes da língua inglesa – sua habilidade em colocar a teoria em prática – do que os licenciandos da Universidade de San José. Pedi a eles para responderem, especificamente, ao item *"não me sinto confiante em minha habilidade de corresponder às necessidades dos aprendizes da língua inglesa"*, em uma escala, tipo Likert, de 5 pontos, abrangendo desde *discordo totalmente* até *concordo totalmente*. Os licenciandos de Mills começaram o ano discordando, com uma resposta média de 2,88, como fizeram os futuros professores da Universidade de San José, com uma resposta média de 2,64. No final do ano, a resposta média a esse item foi de 1,96 para os futuros professores de Mills e de

---

[11] Dada a limitação desse estudo de caso, ao final do período de formação, os resultados da pesquisa são uma eficaz fonte de dados de impactos de curto prazo dos programas. Esses dados não captam, porém, impactos de longo prazo dos programas de formação de professores, que requerem um estudo mais longitudinal.

2,05 para os licenciandos da Universidade de San José. Triangulando esses resultados com entrevistas e observações, conclui que, embora ambos os grupos de licenciandos conseguissem ganhos positivos nesse item, os futuros professores de Mills pareciam demonstrar ganhos maiores por causa de suas oportunidades de aprenderem sobre ferramentas práticas para trabalharem com aprendizes da língua inglesa. Mesmo que essas oportunidades ocorressem, quase exclusivamente, no contexto de uma única disciplina, elas parecem ter tido um grande impacto na confiança dos licenciandos de Mills para ensinarem aprendizes da língua inglesa. Em contraste, os futuros professores da Universidade de San José tiveram poucas oportunidades de desenvolver estratégias reais para trabalharem com aprendizes da língua inglesa e os ganhos limitados, mostrados aqui, refletiram-se nos comentários dos participantes do estudo de caso que expressaram insatisfação com suas oportunidades de desenvolver estratégias para lecionarem aprendizes da língua inglesa.

Os estágios dos futuros professores mediaram suas oportunidades de aprender como ensinar para a justiça social. Em geral, as experiências dos licenciandos, nos seus locais de estágio, deram sentido às oportunidades propiciadas pelas disciplinas para desenvolverem conceitos e práticas relacionados à justiça social. Por exemplo, os participantes do estudo de caso comentaram, individualmente, que a compreensão daquilo que puderam aprender sobre lecionar aprendizes da língua inglesa ganhou significado em função de suas oportunidades de trabalhar, com tais alunos, em salas de aula reais. Melissa, uma participante do estudo de caso de Mills, destacou esse ponto, quando refletiu sobre um relatório que requeria que explorasse questões do ensino de aprendizes da língua inglesa: "Tive realmente dificuldade com isso porque não havia lecionado para nenhum aprendiz da língua inglesa, neste ano todo". Sandra parece concordar com Melissa, a se referir a seu estágio na Universidade de San José:

> Não sei ao certo se me sinto preparada para trabalhar nessa área. Sinto-me preparada profissionalmente por ter freqüentado ["Fundamentos Multiculturais"]. Jessica [a professora de "Alfabetização e Letramento"] tem sido muito boa sobre, você sabe, mostrar a dimensão multicultural e como você deve se encaixar ao aprendiz de segunda língua, mas até hoje ainda não fui capaz de praticar isso.

Os comentários de Melissa e Sandra sugerem que as oportunidades dos licenciandos de aprenderem sobre justiça social, algumas vezes, resultam das articulações entre as disciplinas acadêmicas e as oportunidades de aprendizagem em seus estágios supervisionados, em vez de decorrerem do impacto de qualquer outro cenário, isoladamente.

Oportunidades de aprender sobre justiça social focalizada em alunos identificados por sua filiação a grupos oprimidos. De maneira similar às oportunidades dos licenciandos de aprenderem sobre justiça social, enfatizando alunos identificados por suas categorias educacionais, nessa dimensão, percebi que a maioria das oportunidades dos futuros professores capacitava-os a desenvolver ferramentas conceituais para pensarem como o *status* dos alunos em grupos oprimidos pode afetar seu ensino. No entanto, os professores em formação tiveram poucas oportunidades de desenvolver estratégias ou práticas reais para trabalhar com tais alunos, sugerindo, novamente, que os programas aumentam a consciência mas, não necessariamente, melhoram a capacidade dos futuros professores de usar essa consciência na prática. Em segundo lugar, verifiquei que o tipo específico de diversidade dos alunos, nos estágios dos futuros professores, mediou sua apropriação dos conceitos e práticas relacionados a essa concepção de justiça social.

A maioria das oportunidades de aprendizagem dos futuros professores, nessa dimensão, focalizava sua atenção a princípios gerais. Essas oportunidades desafiavam, especialmente os docentes em formação, a levantar questões sobre como a raça, etnia, classe ou sexo dos alunos podiam influenciar suas experiências de sala de aula, inclusive como eles, enquanto professores, podiam interagir diferentemente com tais alunos. Essas oportunidades refletem aquelas implementadas, por outros formadores de professores, que desafiam os futuros docentes a levar em conta questões de opressão institucionalizada (LADSON-BILLINGS, 1999a). Como um exemplo, a disciplina de "Fundamentos Multiculturais", da Universidade de San José, exigia que os licenciandos realizassem uma atividade de "investigação de comunidade". O objetivo dessa atividade era engajar os futuros professores em problemas selecionados do mundo real, experimentados por pessoas vivendo na pobreza, e encorajar os docentes em formação a pensar sobre como a condição econômica de alguém pode influenciar suas experiências dentro da escola. Geralmente, a atividade auxiliou os futuros professores a desenvolver a noção de que o nível socioeconômico (SES)[12] dos alunos pode influenciar suas experiências dentro da escola, mas oferecia a eles poucas chances de refletirem como deveriam usar aquela informação para definir a sua didática.

Mills também proporcionou aos futuros professores oportunidades para desenvolverem o amplo conceito de que o pertencimento dos alunos a grupos oprimidos podia afetar suas experiências dentro da escola. De vez em quando, essas oportunidades deixavam os licenciandos se perguntando se haviam desenvolvido práticas reais para atender tais alunos. Por exemplo, durante o estágio do meio do ano, os professores se dividiram em dois grupos para discutir Eric, um aluno fictício. Em um grupo, Eric era identificado como afro-americano, e no outro, como caucasiano. A atividade não enfatizava ferramentas pedagógicas para trabalhar com Eric, mas explorava se, como professores, eles deveriam considerar o papel que a raça podia desempenhar nas interações da sala de aula. Durante toda a discussão do caso, os membros do corpo docente enfatizaram a importância de se refletir sobre raça quando se procura entender e interpretar eventos com alunos individuais. Um membro do corpo docente comentou, "precisamos estar conscientes de nossas pré-concepções, e precisamos refletir sobre a questão da raça, juntamente com muitas, muitas outras. Se as questões não forem levantadas, possivelmente, não poderão ser enfrentadas". Na semana seguinte, durante uma nova discussão sobre o estágio, os futuros professores comentaram ter aprendido o princípio geral de que a raça dos alunos é importante, mas temiam que lhes faltassem as ferramentas práticas requeridas para executarem aquele princípio.

Licenciando 1: Agora, sabemos mais do que apenas fazer suposições.

Licenciando 2: Eu só pensei que já havia tanta coisa no caso e, então, não consideramos a raça.

Licenciando 3: Acho que reconhecemos o fator raça, mas agora o que fazer? Acho que estamos cansados de teoria. Dêem-me algumas coisas para fazer na minha sala de aula que funcionem.

---

[12] SES – Socioeconomic Status (nível sócio-econômico). (N. da T.).

Esses licenciandos enfrentavam o desafio de conectar o princípio geral, de que a raça de um aluno poderia influenciar suas necessidades educacionais, com as estratégias práticas para auxiliar aquele aluno.

Em ambos os programas, os futuros professores relataram, em entrevistas, que os estágios supervisionados tiveram um impacto significativo nas suas oportunidades de aprenderem a ensinar alunos cujo pertencimento a grupos oprimidos podia moldar suas experiências educacionais. É importante destacar que o tipo específico de diversidade dos alunos, em seus estágios supervisionados, parecia informá-los como pensar sobre sua formação para trabalharem com alunos culturalmente diversos.

Os licenciandos de Mills, mais provavelmente do que os da Universidade de San José, estiveram em distritos e escolas com altas porcentagens de alunos afro-americanos (EDUCATION DATA PARTNERSHIP, 2003). Trabalhar com alunos afro-americanos e aprender, na prática, a entender e enfrentar suas necessidades, era um fator importante na sua formação. Vanessa, por exemplo, disse:

> Nos meus trabalhos de curso, em Mills, eu me senti realmente confiante a respeito de mim mesma. Então (no meu primeiro semestre, em meu estágio de regência) não tive problema com aquilo [a diversidade dos alunos], de modo algum, porque tinha alunos latinos, que eram muito parecidos comigo, se comunicavam do mesmo jeito que eu... e não tive problemas de disciplina com eles. Isso [a diversidade dos alunos] não foi um desafio para mim até eu chegar aqui [segundo estágio, em uma sala de aula com alunos, predominantemente, afro-americanos] e os afro-americanos, realmente, desafiarem minha autoridade, realmente tive dúvidas para onde eu os estava conduzindo, queria exprimir suas opiniões e não estava deixando que eles expressassem suas opiniões, e foi quando isso se tornou uma questão para mim... Teria sido bastante problemático para mim entrar, no meu primeiro ano de magistério, sem ter experimentado uma sala de aula, predominantemente, afro-americana.

Os tipos de aluno que Vanessa encontrou em seus estágios funcionaram como uma lente por meio da qual ela filtrou suas oportunidades de aprendizado.

Os licenciandos da Universidade de San José também indicaram, em entrevistas, que o tipo de diversidade dos alunos, em seus locais de estágio, moldaram suas oportunidades de aprendizado sobre lecionar alunos racialmente e etnicamente diversos. Os tipos de aluno, em seus locais de estágio, diferiam daqueles dos locais de estágio de Mills. Os licenciandos da Universidade de San José foram, mais provavelmente, trabalhar em distritos e escolas com pequena porcentagem de alunos afro-americanos e altas porcentagens de alunos latinos e aprendizes da língua inglesa. Um comentário de um membro do corpo docente ressaltou a importância do tipo de diversidade dos alunos, nos estágios supervisionados, como definidora das oportunidades de aprendizagem dos futuros professores:

> Percebi que coloco muita ênfase nos aprendizes de segunda língua quando estou pensando sobre diversidade. Mas eu acho [que] isso, em grande parte, reflete o lugar onde estou lecionando. Do mesmo modo, se eu estivesse lecionando em [uma universidade em East Bay, onde Mills está situada], acho que eu colocaria mais ênfase nos alunos afro-americanos.

O sistema de referência dos licenciandos da Universidade de San José, para o ensino de alunos com perfis diversificados, tendia a enfatizar seu trabalho com aprendizes da língua inglesa e concentrava sua atenção, especialmente, em questões de língua, não em questões de cultura ou etnia. Em suma, a diversidade específica dos alunos, nos estágios supervisionados, moldou as oportunidades de aprendizagem dos futuros professores trabalharem com alunos cujo pertencimento a grupos oprimidos podia influenciar suas experiências educacionais.

De acordo com respostas a itens específicos do questionário, os licenciandos de Mills e da Universidade de San José sentiram-se preparados, de maneiras diferentes, para trabalhar com alunos de perfis raciais e étnicos diversos. Os licenciandos da Universidade de San José demonstraram fortes ganhos em termos de sentirem-se preparados para trabalhar com alunos de perfis raciais e étnicos diferentes dos deles próprios e para criarem oportunidades justas de ensino para os alunos provenientes de perfis culturais diversificados[13]. Apesar de as

---

[13] A resposta média dos licenciandos da Universidade de San José, a um item sobre quão bem preparados eles se sentiam para lecionar alunos de perfis raciais e étnicos diferentes dos deles próprios, foi de 3,09, no início, e 4,09 no final. A resposta média dos licenciandos de Mills, à mesma pergunta, foi de 3,63, no início, e 3,86, no final. A resposta média dos futuros professores da Universidade de San José, ao item sobre quão bem preparados eles se sentiam para criar oportunidades justas de aprendizagem para alunos de perfis raciais e étnicos diversificados, foi de 3,05, no início, e 4,27, no final. A resposta média dos futuros docentes de Mills foi de 3,63, no início, e 3.88, no final.

respostas dos licenciandos de Mills, ao longo do tempo, indicarem mudanças positivas, suas concepções não mudaram radicalmente, como aquelas dos licenciandos da Universidade de San José. Essa diferença entre os licenciandos de Mills e os da Universidade de San José é surpreendente, dadas as similaridades de suas oportunidades de aprendizagem sobre lecionar alunos com perfis raciais e étnicos diversos. Eu esperava que os futuros professores, de ambos os programas, se sentissem da mesma maneira a respeito de sua formação nessa área. E, se não da mesma maneira, esperava que os licenciandos de Mills expressassem um senso de prontidão muito maior nessa área, dado que muitos de suas disciplinas abordavam questões de raça e etnia. Considerei esses resultados do questionário como um alerta para eu rever, rapidamente, meus dados em busca de indícios relativos ao que podia explicar esse impacto diferenciado. Minha revisão revelou uma explicação possível que lança uma luz sobre como a integração da justiça social modela a totalidade das experiências dos professores em formação.

As diferenças na maneira como os dois programas integraram questões de raça e etnia podem ser parcialmente responsáveis pela visão que os futuros professores têm de sua formação. Mills tende a integrar tais questões por meio de várias disciplinas, ao passo que a Universidade de San José tende a enfatizar tais questões no contexto da disciplina de "Fundamentos Multiculturais". Talvez, o fato de Mills ter trabalhado, por meio das disciplinas e dos estágios, conceitos sobre lecionar alunos racialmente e etnicamente diversificados, sem, no entanto, oferecer uma disciplina específica para tratar as questões de raça e etnia, tenha alertado os licenciandos para ensinar tais alunos. Um membro do corpo docente sugeriu:

> Com questões de língua e cultura... a menos que você designe uma categoria para elas, elas tendem a desaparecer, tornam-se invisíveis. Acho que um pouco disso é o que também acontece em nosso programa, por causa de todos nós dizermos que todos acreditamos nele, se torna uma parte do subconsciente de todos no departamento. Ele, de certa forma, não mais se torna uma peça explícita do currículo, no sentido de "esta é a disciplina de diversidade". Sem dizer que é necessariamente um problema, é simplesmente a maneira como os alunos conseguem compreender a Faculdade. Eles pensam nela em termos de disciplinas, livros e distribuição de tarefas. Quando ela é uma espécie de todo, eles não conseguem identificá-la completamente.

Levando em consideração as oportunidades de aprendizagem sobre raça e etnia, os licenciandos de Mills, compreensivelmente, tiveram dificuldades para identificar exatamente quando tiveram as chances de aprender sobre tais questões. Além disso, os reduzidos ganhos contabilizados pelos licenciandos de Mills podem, de fato, indicar um desenvolvimento positivo: a consideração que os futuros professores tiveram a respeito desse desafio de ensino aumentou, mas, mesmo diante de uma maior consciência, sua confiança em trabalhar essas questões avançou bem devagar.

Ao contrário, como relatado pelos participantes do estudo de caso, os licenciandos da Universidade de San José sabiam exatamente onde haviam aprendido como lecionar alunos de perfis raciais e étnicos diversos, e apontaram diretamente para a disciplina de "Fundamentos Multiculturais". Por exemplo, Kate afirmou que "[Fundamentos] Multiculturais está sendo a mais eficiente para mim. De vez em quando, me deixou realmente desconfortável, mas também está sendo a mais desafiante". Biaggi concordou: "A aula de Multicultural me faz pensar sobre como as coisas são para pessoas diferentes". Talvez, a existência de uma disciplina específica que enfatize, principalmente, questões de raça e etnia, desenvolva nos futuros professores um sentimento maior de "estar preparado" para ensinar tais alunos.

Conclusão

Este estudo visou contribuir para o crescimento do campo de pesquisa sobre a formação docente, mostrando como os programas de formação de professores se esforçam para implementar a dimensão da justiça social. Recorrendo a conceitos da teoria sociocultural e a uma teoria de justiça social, mostro que essa implementação pode ocorrer junto a questões específicas. A análise da implementação do programa mostrou que algumas dessas questões podem ser mais difíceis, ou menos freqüentemente implementadas, do que outras. Os programas participantes deste estudo ensinaram conceitos, especificamente relacionados à justiça social, de maneira mais eficiente do que foram capazes de produzir práticas. É importante destacar que os estágios supervisionados aumentaram ou diminuíram as oportunidades dos futuros professores aprenderem sobre justiça social, dependendo da diversidade específica dos alunos em seus locais de estágio.

Implicações para a prática

Este estudo levanta questões fundamentais para programas de formação de professores comprometidos em implementar a dimensão da justiça social, por meio do currículo, pedagogias e proposições. O modelo de oportunidades de aprendizagem dos licenciandos sobre justiça social, que surgiu com base neste estudo, pode funcionar como um guia para o desenvolvimento de programas e para a prática dos formadores de professores. Aqueles interessados em incorporar a dimensão da justiça social podem usar esse modelo para levantar questões sobre como os programas, em sua totalidade, abordam tais temas. Por exemplo, esses programas poderiam considerar as seguintes questões: as oportunidades de aprendizagem dos futuros professores, nas disciplinas, tendem a enfatizar uma dimensão de justiça social – o foco nas necessidades individuais, por exemplo – mais do que outras? Que oportunidades os licenciandos têm para se apropriar de ferramentas conceituais e práticas relacionadas à cada dimensão da justiça social? Que disciplinas tendem a enfocar aspectos particulares de justiça social? De que maneiras específicas os estágios supervisionados atuam como mediadores do que eles aprendem sobre justiça social?

Do mesmo modo, cada formador de professores pode usar esse modelo para questionar a própria prática. Para levarem em consideração como suas disciplinas enfocam a justiça social, os membros do corpo docente poderiam considerar as questões, a seguir: como as atividades e os trabalhos acadêmicos da minha disciplina podem fazer para que os futuros professores se comprometam a considerar a justiça social, a partir de um foco individual dos alunos, mas para se atingirem níveis institucionais? Como essas atividades e discussões auxiliam os licenciandos a desenvolver conceitos e práticas dentro e por meio desses níveis?

Essa recomendação vem com uma advertência: implementar todos os aspectos desse modelo levará tempo. Seu processo de investigação deverá avaliar não apenas o que você está fazendo agora, em relação a qualquer aspecto, mas o porquê. Qual é a capacidade atual do programa e o que levaria você de onde está agora para onde deseja ir?

Implicações para a pesquisa

Este estudo destaca a teoria sociocultural e uma teoria de justiça social como referências para se compreender a implementação da dimensão da justiça social. Combino essas duas teorias para entender o processo de implementação e a concepção de justiça social postos em prática na formação de professores.

Em primeiro lugar, este estudo ressalta a importância de se considerarem os programas como sistemas, com configurações múltiplas e intercambiantes. Este estudo realça como conceitos originários da teoria sociocultural auxiliam uma compreensão profunda das relações entre as disciplinas, e entre as disciplinas e as experiências no estágio, e como essas relações informam as oportunidades de aprendizagem dos futuros professores. Pesquisadores interessados no aprendizado de professores e na organização geral dos programas podem achar a teoria sociocultural uma lente apropriada para direcionar futuras investigações dentro da formação docente.

Em segundo lugar, novas pesquisas sobre programas de justiça social seriam aprimoradas por uma teoria de justiça mais refinada do que aquela que é, normalmente, praticada na formação de professores. Em particular, este estudo evidencia a importância de se ter um referencial teórico para se identificar e definir o conteúdo que os programas estão tentando implementar.

Finalmente, este estudo, por meio da comparação de Mills e da Universidade de San José, começa a identificar questões sobre a implementação. No entanto, foi um estudo limitado devido ao seu foco em apenas dois programas. Futuras pesquisas que examinem amplamente a implementação de justiça social, por meio da análise de vários programas de formação de professores, provavelmente, refinariam as dimensões das oportunidades de aprendizagem dos professores sobre justiça social, aqui identificadas, e proporcionariam guias mais valiosos para os membros do corpo docente, comprometidos com esse trabalho.

Referências bibliográficas

ANDERSON, E. S. What is the point of equality? *Ethics*, vol. 109, p. 287-337, 1999.

BANKS, J. Multicultural education: Historical development, dimensions, and practice. In: BANKS, J. e BANKS, C. (Orgs.). *Handbook of research on multicultural education*. New York: Simon & Schuster, 1995, p. 3-24.

BANKS, J. A. *An introduction to multicultural education* (3. ed.). Boston: Allyn & Bacon, 2002.

COCHRAN-SMITH, M., DAVIS, D. e FRIES, M. K. Multicultural teacher education: Research, practice, and policy. In: BANKS, J. e BANKS, C. (Orgs.). *The handbook of research on multicultural education* (2nd.). San Francisco: Jossey-Bass, 2003, p. 931-975.

COCHRAN-SMITH, M. e LYTLE, S. Relationships of knowledge and practice: Teacher learning in communities. In: IRAN-NEJAD, A. e PEARSON, C. D. (Orgs.). *Review of research in education*. Washington, DC: American Educational Research Association, 1999, Vol. 24, p. 249-305.

CRESSWELL, J. *Qualitative inquiry and research design: Choosing among five traditions*. Thousand Oaks, CA: Sage, 1994.

DAVIS, K. Multicultural classrooms and cultural communities of teachers. *Teaching and Teacher Education*, vol. 11, p. 553-563, 1995.

EDUCATION DATA PARTNERSHIP. *Fiscal, demographic, and performance data on California's K-12 schools*. 2003. Disponível em http://www.ed-data.k12.ca.us

ENGESTRÖM, Y. Developmental studies of work as a testbench of activity theory: The case of primary care medical practice. In: CHAIKLIN, S. e LAVE, J. (Orgs.). *Understanding practice: Perspectives on activity and context*. Nova York: Cambridge University Press, 1996, p. 64-103.

ENGESTRÖM, Y. e MIETTINEN, R. Activity theory: A well-kept secret. In: ENGESTRÖM, Y. MIETTINEN, R., PUNAMAKI, R. L. (Orgs.). *Perspectives on activity theory*. Nova York: Cambridge University Press, 1999, p. 1-38.

GAY, G. *NCREL monograph: Asynthesis of scholarship in multicultural education:* Naperville, IL: North Central Regional Education Laboratory, 1994.

GOODLAD, J. *Teachers for our nation's schools*. San Francisco, CA: Jossey Bass, 1990.

GOODWIN, A. L. Historical and contemporary perspectives on multicultural teacher education: Past lessons, new directions. In: KING, J., HOLLINS, E. e HAYMAN, W. (Orgs.). *Preparing teachers for cultural diversity*. Nova York: Teachers College Press, 1997, p. 5-22.

GRANT, C. Best practices in teacher education for urban schools: Lessons from the multicultural teacher education literature. *Action in Teacher Education*, vol. 16, n. 3, p. 2-18, 1994.

GRANT, C. e SECADA, W. Preparing teachers for diversity. In: HOUSTON, R., HABERMAN, M. e SIKULA, J. (Orgs.). *Handbook of research on teacher education*. New York: Macmillan, 1990, p. 403-422.

GROSSMAN, P., SMAGORINSKY, P., e VALENCIA, S. Appropriating tools for teaching English: Atheoretical framework for research on learning and teaching. *American Journal of Education*, vol. 108, p. 1-29, 1999.

HOWEY, K. e ZIMPHER, N. *Profiles of preservice teacher education*. Albany: State University of New York Press, 1989.

KENNEDY, M. The role of preservice education. In: DARLING-HAMMOND, L. e SYKES, G. (Orgs.). *Teaching as the learning profession: Handbook of policy and practice*. San Francisco: Jossey-Bass, 1999, p. 54-85.

LADSON-BILLINGS, G. Multicultural teacher education: Research, practice, and policy. In: BANKS, J. e BANKS, C. (Orgs.). *Handbook of research on multicultural education*. Nova York: Simon & Schuster, 1995, p. 747-759.

LADSON-BILLINGS, G. Preparing teachers for diverse student populations: A critical race perspective. In: IRAN-NEJAD, A. e PEARSON, C. D. (Orgs.). *Review of research in education*. Washington, DC: American Educational Research Association, 1999a, Vol. 24, p. 211-248.

LADSON-BILLINGS, G. Preparing teachers for diversity: Historical perspectives, current trends, and future directions. In: DARLING-HAMMOND, L. e SYKES, G. (Orgs.). *Teaching as the learning profession: Handbook of policy and practice*. San Francisco: Jossey-Bass, 1999b, p. 86-123.

LADSON-BILLINGS, G. *Crossing over to Canaan: The journey of new teachers in diverse classrooms*. San Francisco: Jossey-Bass, 2001.

LAVE, J. *Cognition in practice*. Cambridge, UK: Cambridge University Press, 1988.

LAVE, J. e WENGER, E. *Situated learning: Legitimate peripheral participation*. Cambridge, UK: Cambridge University Press, 1991.

LISTON, D. e ZEICHNER, K. *Teacher education and the social conditions of schooling*. Nova York: Routledge, 1991.

McDONALD, J. *Teaching: Making sense of an uncertain craft*. Nova York: Teachers College Press, 1992.

McDONALD, M. *The integration of social justice: Reshaping teacher education*. Universidade de Stanford, 2003. (Tese, Doutorado em Educação).

MERRIAM, S. *Case study research in education: A qualitative approach*. San Francisco: Jossey-Bass, 1988.

MILES, M. B. e HUBERMAN, A. M. *Qualitative data analysis: An expanded sourcebook* (2. ed.). Thousand Oaks, CA: Sage, 1994.

NIETO, S. Placing equity front and center: Some thoughts on transforming teacher education for a new century. *Journal of Teacher Education*, vol. 51, p. 180-187, 2000.

RAGIN, C. *The comparative method: Moving beyond qualitative and quantitative strategies*. Berkeley: University of California Press, 1987.

ROGOFF, B. Observing sociocultural activity on three planes: Participatory appropriation, guided participation, and apprenticeship. In: WERTSCH, J., DEL RIO, P. e Alvarez, A. (Orgs.), *Sociocultural studies of mind*. Nova York: Cambridge University Press, 1995, p. 139-163.

SAN JOSÉ STATE UNIVERSITY, College of Education. (n.d.) *Our vision*. Disponível em http://www2.sjsu.edu/education/vision.shtml

SCOTT, R.W. *Organizations: Rational, natural, and open systems* (4. ed.). Upper Saddle River, NJ: Prentice Hall, 1998.

SHULMAN, L. Knowledge and teaching: Foundations of the new reform. *Harvard Educational Review*, vol. 57, n. 1, p. 1-21, 1987.

SHULMAN, L. Theory, practice, and the education of professionals. *Elementary School Journal*, vol. 98, n. 5, p. 511-526, 1998.

SMAGORINSKY, P., COOK, L., JACKSON, A., MOORE, C. e FRY, P. Tensions in learning to teach: Accommodation and developing of a teaching identity. *Journal of Teacher Education*, vol. 55, p. 8-24, 2004.

SNYDER, J. University of California–Berkeley. In: DARLING-HAMMOND, L. (Org.). *Studies of excellence in teacher education: Preparation at the graduate level*. Nova York: National Commission on Teaching & America's Future, 2000, p. 97-172.

TATTO, M. T. Examining values and beliefs about teaching diverse students: Understanding the challenges for teacher education. *Educational Evaluation and Policy Analysis*, vol. 18, n. 2, p. 155-180, 1996.

VAVRUS, M. *Transforming the multicultural education of teachers*. Nova York: Teachers College Press, 2002.

VILLEGAS, A. e LUCAS, T. *Preparing culturally responsive teachers: A coherent approach*. Albany: State University of New York Press, 2002.

WENGER, E. *Communities of practice: Learning, meaning, and identity*. Cambridge, UK: Cambridge University Press, 1998.

WERTSCH, J. The need for action in sociocultural research. In: WERTSCH, J., DEL RIO, P. e ALVAREZ, A. (Orgs.). *Sociocultural studies of mind*. Nova York: Cambridge University Press, 1995, p. 56-74.

WERTSCH, J., DEL RIO, P. e ALVAREZ, A. Sociocultural studies: History, action, and mediation. In: WERTSCH, J., DEL RIO, P. e ALVAREZ, A. (Orgs.). *Sociocultural studies of mind*. Nova York, NY: Cambridge University Press, 1995, p. 1-33.

YOUNG, I. M. *Justice and the politics of difference*. Princeton, NJ: Princeton University Press, 1990.

ZEICHNER, K. Alverno College. In: DARLING-HAMMOND, L. (Org.). *Studies of excellence in teacher education: Preparation in the undergraduate years*. Nova York, NY: National Commission on Teaching & America's Future, 2000, p. 1-66.

Nota do autor: Agradeço a Meredith Honig, Pam Grossman e Robert Kunzman por lerem versões anteriores deste artigo, bem como aos revisores do *Journal of Teacher Education* por seus cuidadosos comentários e recomendações. Quero também agradecer aos membros do corpo docente de Mills College e da Universidade de San José por tornarem suas práticas acessíveis, de modo a permitir que outros possam aprender a partir de suas experiências e esforços.

Modelos críticos de formação docente: a experiência do MST

Júlio Emílio Diniz-Pereira

Gostaria de iniciar, pedindo ao leitor deste capítulo, que deixe de lado todo o seu preconceito (claro, caso ele exista)[1] e leia, com bastante atenção, a análise que faço, neste artigo, do programa de formação de educadores do Movimento dos Trabalhadores Sem Terra (MST). Essa análise é baseada em pesquisa desenvolvida durante o meu doutoramento. Não se trata, portanto, de fazer propaganda ideológica dessa experiência e do movimento social a ela vinculado[2].

Investiguei, durante minha tese de doutorado, o tema da construção da identidade de educadores militantes, estudando histórias de vida de educadoras do MST. O foco da minha pesquisa foi sobre os elementos que influenciaram essas educadoras tornarem-se militantes de um movimento social que luta por reforma agrária e justiça social em um dos países mais socialmente injustos do mundo e, então, analisar a influência desse Movimento sobre o longo processo de construção de uma identidade de educador militante.

Não é propósito deste texto detalhar os aspectos teóricos e metodológicos da minha tese e tão pouco discutir todos os seus resultados. No entanto, gostaria de registrar que o principal objetivo desse meu trabalho de pesquisa foi enfocar os sujeitos da educação, suas histórias de vida e a maneira como suas identidades são construídas sem, no

---

[1] Escrevo isso porque a minha intenção neste texto é atingir um espectro mais amplo de leitores. Não apenas aqueles que têm uma afinidade pelos ideais de luta do Movimento Sem Terra.

[2] Não se trata, tampouco, de defender a neutralidade da pesquisa em educação. Aqueles que me conhecem sabem, de antemão, meu apreço pelas causas de igualdade e justiça social defendidas pelo Movimento.

entanto, deixar de considerar a força que as estruturas sociais e culturais, historicamente constituídas, exercem nesse processo.

No que diz respeito especificamente a este capítulo, o principal propósito é discutir o que denomino os *modelos críticos de formação docente* por meio de uma análise do programa de formação de educadores do MST. Essa análise, por sua vez, apoia-se em depoimentos feitos por educadoras do Movimento que participaram desse programa na década de 1990[3].

Este texto divide-se, então, em três partes: primeiro, retomo uma discussão, já iniciada em outras publicações, sobre modelos hegemônicos e contra-hegemônicos de formação docente (DINIZ-PEREIRA, 2002; 2008). A ênfase aqui, no entanto, recai sobre os modelos críticos de formação de professores, principal foco deste capítulo. Em seguida, forneço algumas informações básicas sobre o programa de formação de educadores do MST e, finalmente, discuto resultados da minha pesquisa de doutorado em que educadoras do Movimento analisam suas experiências de participação nesse programa de preparação de profissionais da educação.

MODELOS HEGEMÔNICOS E CONTRA-HEGEMÔNICOS DE FORMAÇÃO DOCENTE

Como já sabemos, os modelos mais difundidos de formação de professores são aqueles relacionados ao **modelo da racionalidade técnica**. De acordo com esse modelo, também conhecido como a epistemologia positivista da prática, "a atividade profissional consiste na solução instrumental de um problema feita pela rigorosa aplicação de uma teoria científica ou uma técnica" (SCHÖN, 1983, p. 21).

De acordo com o modelo da racionalidade técnica, o professor é visto como um técnico, um especialista que rigorosamente põe em prática as regras científicas e/ou pedagógicas. Assim, para se preparar o profissional da educação, conteúdo científico e/ou pedagógico, é necessário, o qual servirá de apoio para sua prática. Durante a prática,

---

[3] Entrevistei um total de onze educadoras Sem Terra, em quatro diferentes Estados do País: Minas Gerais, Pernambuco, Rio Grande do Sul e São Paulo. As entrevistas foram realizadas entre os meses de agosto e setembro de 2002.

professores devem aplicar tais conhecimentos e habilidades científicos e/ou pedagógicos.

Há pelo menos três conhecidos modelos de formação de professores que estão baseados no modelo de racionalidade técnica: *o modelo de treinamento de habilidades comportamentais,* no qual o objetivo é treinar professores para desenvolverem habilidades específicas e observáveis; *o modelo de transmissão,* no qual o conteúdo científico e/ou pedagógico é transmitido aos professores, geralmente ignorando as habilidades da prática de ensino; *o modelo acadêmico tradicional,* o qual assume que o conhecimento do conteúdo disciplinar e/ou científico é suficiente para o ensino e que seus aspectos práticos podem ser aprendidos em serviço.

Modelos alternativos de formação de professores emergiram a partir do **modelo da racionalidade prática**, no mínimo, desde o início do século vinte. O trabalho de Dewey é considerado a semente de muitos dos atuais escritos sobre o modelo da racionalidade prática em educação.

Esse modelo encontra-se em consonância com discussões atuais sobre a carreira docente que enfatizam a complexidade dessa profissão, envolvendo conhecimento teórico e prático, marcada pela incerteza e brevidade de suas ações. Os professores têm sido vistos como um profissional que reflete, questiona e constantemente examina sua prática pedagógica cotidiana, a qual, por sua vez, não está limitada ao chão da escola.

Existem no mínimo três modelos de formação de professores dentro do modelo da racionalidade prática: *o modelo humanístico,* no qual professores são os principais definidores de um conjunto particular de comportamentos que eles devem conhecer a fundo; *o modelo de "ensino como ofício",* no qual o conhecimento sobre ensino é adquirido por tentativa e erro por meio de uma análise cuidadosa da situação imediata; *o modelo orientado pela pesquisa,* cujo propósito é ajudar o professor a analisar e refletir sobre sua prática e trabalhar na solução de problemas de ensino e aprendizagem na sala de aula.

Finalmente, existe o que chamamos de **modelo da racionalidade crítica**, baseado na Teoria Crítica (Escola de Frankfurt) e na ciência sociocrítica de Habermas, apresentando uma visão diferente da relação teoria-prática – uma visão crítica, em que o principal objetivo é a transformação da educação e da sociedade. Em função da importância desse modelo para a temática deste capítulo, haveremos de discuti-lo separadamente no tópico a seguir.

Modelos críticos de formação docente

No **modelo da racionalidade crítica**, a educação, e mais especificamente, a formação docente, é *historicamente localizada* – ela acontece *contra* um contexto sócio-histórico hegemônico e projeta uma visão de futuro que esperamos construir; é uma *atividade social* – com conseqüências sociais, não apenas uma questão de desenvolvimento individual; é *intrinsecamente política* – afetando as escolhas de vida daqueles envolvidos no processo – e finalmente, é *problemática* – "seu propósito, a situação social que ela modela ou sugere o caminho que ela cria ou determina relações entre os participantes, o tipo de meio na qual ela trabalha e o tipo de conhecimento para o qual ela dá forma" (Carr; Kemmis, 1986, p. 39).

Pesquisa é a palavra-chave quando ensino e currículo são tratados de um modo crítico e estratégico. De acordo com Carr e Kemmis (1986), "um tipo de pesquisa que ele sugere requer que professores se tornem figuras críticas na atividade de pesquisa". Um projeto de pesquisa não significa apenas "investigar atitude sobre o ensino e o currículo" mas também "um domínio específico de ação estratégica será selecionada para uma investigação mais sistemática e continuada" (p. 40). Como os autores ainda afirmam, "quando professores adotam uma perspectiva de projeto, eles também criam oportunidades para aprender a partir de sua experiência e planejar sua própria aprendizagem" (p. 40). Desse modo,

> ele ou ela ajuda a estebelecer *comunidades críticas de pesquisa* no ensino, no currículo e na organização da escola, e administração de grupos dentro da escola, da escola como um todo ou entre escolas. Essa auto-reflexão crítica, empreendida em uma comunidade auto-crítica, usa comunicação como um meio para desenvolver um sentido de experiência comparada, para descobrir determinantes locais ou imediatos sobre a ação pela compreensão dos contextos dentro dos quais outros trabalham e convertendo experiência em discurso, usando a linguagem como auxílio para a análise e o desenvolvimento de um vocabulário crítico o qual fornece os termos para a reconstrução prática (p. 40).

No modelo crítico, o professor é visto como alguém que levanta um problema. Como se sabe, alguns modelos dentro da visão técnica e prática também concebem o professor como alguém que levanta problemas. Contudo, tais modelos não compartilham a mesma visão sobre essa concepção a respeito da natureza do trabalho docente. Os modelos técnicos têm uma concepção instrumental sobre o levantamento de problemas; os práticos têm uma perspectiva mais pragmática, e os modelos críticos têm uma visão política explícita sobre o assunto.

De acordo com Shor (1992), o levantamento de problemas tem raiz no trabalho de Dewey e Piaget. Entretanto, foi Freire quem desenvolveu uma idéia política sobre tal concepção, por meio de seu método do "diálogo de levantamento de problemas", no qual "o professor é freqüentemente definido como alguém que levanta problemas e dirige um diálogo crítico em sala de aula; levantamento de problema é um sinônimo de pedagogia" (p. 31). E ainda:

> Como pedagogia e filosofia social, o levantamento de problema enfatiza relações de poder em sala de aula, na instituição, na formação de critérios padronizados de conhecimento e na sociedade como um todo. Ela considera o contexto social e cultural da educação, perguntando como a subjetividade do estudante e suas condições econômicas afetam o processo de aprendizagem. A cultura do estudante bem como a desigualdade e a democracia são temas centrais para educadores "levantadores de problemas" quando eles examinam cuidadosamente o ambiente para a aprendizagem (p. 31).

No modelo freireano, o levantamento de problemas é concebido como "um processo mútuo para estudantes e professores questionarem o conhecimento existente, o poder e suas condições" (p. 33). Assim, uma comunidade de professores-pesquisadores, com estudantes como co-investigadores, estabelece um processo democrático e centrado no aluno por meio do qual o currículo é construído "de baixo para cima" ao invés de ser construído "de cima para baixo".

Existem no mínimo três modelos baseados na racionalidade crítica: *o modelo sócio-reconstrucionista*, o qual concebe o ensino e a aprendizagem como veículos para a promoção de uma maior igualdade, humanidade e justiça social na sala de aula, na escola e na sociedade (LISTON; ZEICHNER, 1991); *o modelo emancipatório ou transgressivo*, o qual concebe a educação como expressão de um ativismo político e imagina a sala de aula como um local de possibilidades, permitindo o professor construir modos coletivos para ir além dos limites, ou seja, para transgredir (HOOKS, 1994); e *o modelo ecológico crítico*, no qual a pesquisa-ação é concebida como um meio para desnudar, interromper e interpretar desigualdades dentro da sociedade e, principalmente, para facilitar o processo de transformação social (CARSON; SUMARA, 1997).

O programa de formação de professores do Movimento dos Trabalhadores Sem Terra, no Brasil, pode ser considerado um exemplo de iniciativa de preparação de profissionais da educação que se enquadra entre os modelos críticos de formação docente. Esse programa será apresentado e discutido nos próximos itens.

O PROGRAMA DE FORMAÇÃO DE PROFESSORES DO MST

Entre as diferentes ações do MST na área educacional, a formação de professores é, sem dúvida alguma, uma de suas prioridades. Na visão do Movimento, a formação de professores não deve ser restrita ao acesso a um curso de preparação profissional. Na verdade, o MST considera o seu programa de formação de professores várias estratégias e práticas educativas que *inclui* o acesso a um curso de formação profissional. Em consonância com o seu projeto educacional[4], o programa de formação de professores do MST também é politicamente comprometido com uma estratégia mais ampla de transformação social. Aqui cabem algumas perguntas para refletirmos: qual o programa de formação de professores, em nossas universidades e demais instituições de ensino superior, que *explicitamente* se compromete com a transformação social em nosso país? Caso isso aconteça, que implicações isso traz para o programa em questão? Que mudanças isso acarreta para a prática dos formadores de professores na sala de aula?

---

[4] Para uma melhor compreensão do programa de formação de professores do MST é imprescindível que se conheça também o seu projeto educacional. Aliás, como se sabe, as ações do Movimento não são isoladas. O programa de formação se insere no projeto educacional e este, por sua vez, articula-se com objetivos de luta mais amplos do próprio MST. Por isso, a leitura do livro de Roseli Caldart, Pedagogia do Movimento Sem Terra, torna-se obrigatória (ver CALDART, 2000).

De acordo com Caldart (1997), são três as principais dimensões do programa de formação de professores do MST:

• Preparação profissional e técnica: para se promover conhecimentos científicos e práticos, habilidades, comportamentos, cuidados e atitudes éticas sobre o pensar e o fazer a educação, com atenção especial às necessidades das áreas rurais, a reforma agrária e a justiça social;

• Preparação política: para o desenvolvimento de uma consciência histórica e de classe que ajude os educadores a compreender que as suas práticas estão ligadas a um propósito mais amplo de transformação social;

• Preparação cultural: para se enfatizar a necessidade dos educadores se organizarem criativamente e construírem uma cultura de cooperação e de solidariedade.

Como mencionado anteriormente, é impossível separar os objetivos mais gerais do Movimento, em termos da sua luta pela reforma agrária e da promoção da justiça social, de seus objetivos educacionais. Mesmo a dimensão técnica e profissional do programa de formação de professores do MST tem uma clara conexão com seus propósitos políticos mais amplos.

Dessa maneira, o MST pretende construir, por meio de seu programa de formação de professores, uma identidade docente que não é neutra. Pelo contrário, trata-se de uma identidade profissional que está explicitamente comprometida com a promoção da justiça social. Ao invés de reforçar o isolamento e o individualismo na docência, essa identidade é construída por meio de experiências de solidariedade e trabalho coletivo.

No programa de formação de professores do MST, existe uma multiplicidade de iniciativas que acontecem em nível local, regional, estadual e nacional e que representam espaços fundamentais para o crescimento político e pedagógico dos professores e para a aquisição do conhecimento a ser socializado em sala de aula (BELTRAME, 2000).

Como será discutido a seguir, existem muitas estratégias e atividades que o MST também considera como parte de seu programa de formação de professores. Por exemplo, o engajamento dos professores nas lutas coletivas do Movimento e sua participação nos coletivos de educação; sistematização da prática pedagógica; participação na produção coletiva e na socialização de material didático e pedagógico para ser usado nas escolas de assentamentos e acampamentos; presença e participação em reuniões, seminários, oficinas e cursos de curta duração; entre outras.

O programa de "formação inicial" de professores do MST

Existem dois tipos de curso que fazem parte do programa de "formação inicial"[5] de professores no MST: o *Magistério*, em nível de ensino médio; e a *Pedagogia da Terra*, em nível superior. Ambos são responsáveis pela preparação e certificação de professores do ensino fundamental que atuarão, preferencialmente, em escolas de assentamentos e acampamentos do MST.

O *Magistério*, criado em 1990, existe até hoje, mesmo com as alterações na legislação educacional brasileira que passou a recomendar, a partir de 1996, o ensino superior para aqueles que atuarão, como professores, nas salas de aula do País. Seu tempo de duração é, em média, dois anos e meio.

O primeiro programa de formação de professores, em nível superior, do MST – *Pedagogia da Terra* – foi criado em 1998, por meio de uma parceria entre o Movimento e a Universidade do Vale do Rio dos Sinos (UNISINOS), no Rio Grande do Sul. A partir dessa experiência, multiplicaram-se novas parcerias com outras instituições de ensino superior brasileiras em diferentes Estados do País.

Esses dois programas são divididos em duas partes: o *Tempo Escola* – corresponde ao período de tempo em que os futuros professores se envolvem em discussões acadêmicas e políticas sobre educação e ensino-aprendizagem, freqüentando uma série de cursos acadêmicos, participando em discussões políticas e estudando o material produzido pelo

---

[5] Em publicações anteriores, apresentei uma série de motivos para não se utilizar o termo "formação inicial" em textos sobre formação de professores (ver DINIZ-PEREIRA, 2007; no prelo). Aqui esse termo foi mantido – mas sempre entre aspas – porque era a maneira como o próprio Movimento se referia aos seus cursos de preparação de profissionais da educação.

Movimento; e o *Tempo Comunidade* – corresponde ao período de tempo em que os futuros professores permanecem nas escolas dos acampamentos ou dos assentamentos e se envolvem em um conjunto de atividades na própria comunidade.

De acordo com Caldart (1997), o *Tempo Escola* é dividido em outros três "tempos":

- Os "tempos" relacionados ao desenvolvimento do currículo oficial do programa, por meio da participação em aulas, seminários para estudo e discussão de temas específicos, leituras individuais e coletivas, escrita de um diário e atividades de educação física;

- Os "tempos" relacionados à autogestão do programa e do desenvolvimento de habilidades específicas para tal fim: por exemplo, trabalhar em comissões criadas para autogerenciar o programa; participar de oficinas e cursos de curta duração para desenvolver habilidades específicas necessárias ao autogerenciamento do programa; participar de reuniões e assembléias como parte da gestão coletiva do programa;

- Os "tempos" relacionados à formação cultural do grupo: celebração da *mística*; atividades de entretenimento individuais e coletivas; manter-se informado por meio da imprensa; realização de festas; visitas orientadas; oficinas artísticas, entre outras.

De maneira semelhante ao que acontece com o *Tempo Escola*, o *Tempo Comunidade* também é dividido em outros "tempos" menores:

- "Tempo" para continuar o trabalho que os professores desenvolvem em suas comunidades, mas, desta vez, refletindo sobre suas ações pedagógicas e fazendo anotações sobre suas práticas, por meio da escrita de um diário;

- "Tempo" para colocar em prática diferentes atividades pedagógicas, vivenciando desafios metodológicos em cada uma das frentes educacionais do MST;

- "Tempo" para desenvolver uma investigação que culmina em um *Trabalho de Pesquisa-Ação*, o TPA. Os futuros professores escrevem, então, uma *Monografia* sobre suas pesquisas e apresentam os seus resultados para os formadores e colegas do programa;

- "Tempo" para desenvolverem atividades adicionais de envolvimento com a comunidade para aprofundar seus conhecimentos sobre a realidade mais ampla do assentamento ou do acampamento e cultivar "uma ética de engajamento, compromisso e solidariedade";

- "Tempo" para aplicar a lógica da autogestão coletiva que eles experenciaram durante o *Tempo Escola* em suas instituições de ensino fundamental (CALDART, 1997).

Além desses dois cursos de "formação inicial", o *Magistério* e a *Pedagogia da Terra*, existe ainda uma série de iniciativas para o acompanhamento dos educadores que atuam nas escolas de assentamento e acampamento do MST. Essas iniciativas constituem-se no programa de formação continuada de professores do Movimento.

O PROGRAMA DE FORMAÇÃO CONTINUADA DE PROFESSORES DO MST

Como parte de seu programa de formação de professores, o MST desenvolve também um conjunto de atividades para aqueles que ensinam nas escolas de assentamentos e acampamentos.

Esses professores recebem regularmente material pedagógico, o qual é produzido pelo próprio MST, levando em consideração as experiências de seus educadores, os conhecimentos de profissionais de áreas específicas e das lideranças do Movimento. A linguagem utilizada nesse material é muito acessível aos professores e aos demais membros da comunidade. Os professores devem discutir esse material nos coletivos locais de educação. Geralmente, eles concordam que o material é muito útil para uma melhor compreensão dos propósitos políticos e educacionais do MST.

A participação dos professores nos coletivos locais de educação é considerada umas das atividades mais eficazes em termos de formação continuada. Uma vez por semana, os docentes estudam o material sobre educação, discutem coletivamente o currículo da escola e desenvolvem os planos de aula. Estudantes e demais membros da comunidade também participam desses coletivos. Uma das minhas entrevistadas na pesquisa ressaltou esse aspecto da formação continuada.

> *Nós trabalhamos muito duro para organizar esses coletivos... assim como para que se crie a necessidade dos professores continuarem estudando e reconhecerem a importância dos coletivos pedagógicos...* (Cleonice)[6]

Contudo, não é suficiente "apenas" organizar os coletivos locais e enviar o material produzido pelo MST para as escolas. Os professores solicitam e recebem apoio em termos da discussão e análise desse material. Dessa maneira, o suporte pedagógico aos professores é também considerado parte do programa de formação continuada de educadores do Movimento. Esse trabalho é desenvolvido pelos setores regionais e estaduais de educação do MST (BELTRAME, 2000).

Uma das estratégias para se fornecer tal apoio pedagógico aos professores é a realização de oficinas de trabalho. Essas oficinas transformam-se em espaços privilegiados para os professores que ensinam em diferentes escolas, de diferentes assentamentos ou acampamentos, socializarem e discutirem suas práticas e experiências. As atividades práticas são enfatizadas nessas oficinas. Como não poderia deixar de ser, a celebração da *mística* é outra atividade pedagógica desenvolvida durante as oficinas.

De acordo com Beltrame (2000), se por um lado é verdade que as atividades desenvolvidas durante as oficinas procuram valorizar o conhecimento e a cultura dos docentes, por outro, os formadores, responsáveis pela coordenação das atividades durante as oficinas, também oferecem elementos para ajudar os professores a rever e a melhorar suas práticas de ensino.

Outra atividade do programa de formação continuada de educadores do MST é a participação desses em encontros regionais e estaduais de professores que lecionam em diferentes escolas de assentamentos e acampamentos do Movimento. Esses encontros acontecem regularmente, durante todo um final de semana. Os integrantes do MST que participam dos setores regionais e estaduais de educação ajudam a organizar e a coordenar esses eventos. Discussões sobre as práticas pedagógicas dos professores nas escolas de assentamento são enfatizadas nesses encontros. Os participantes discutem ainda temas

---

[6] Na minha pesquisa, seguindo orientações metodológicas e procedimentos éticos, preferi utilizar pseudônimos para preservar a identidade pessoal das entrevistadas.

como, por exemplo, as condições de vida nas zonas rurais brasileiras, o trabalho docente nas escolas do campo e a participação política no MST.

É importante ressaltar que, durante esses encontros, os educadores não se limitam a discutir suas práticas docentes e outros temas pedagógicos ou mesmo a participar de oficinas para aprenderem diferentes atividades a serem desenvolvidas em suas salas de aula. Além disso, como uma de minhas entrevistadas enfatizou, e não isento de uma intencionalidade formativa, eles também fazem "coisas corriqueiras e comuns".

> *Nós organizamos esses encontros como nós fazemos em qualquer outro evento educacional do MST. Os professores devem lavar os pratos, limpar os quartos, a área externa... Nós organizamos o encontro dividindo as pessoas em núcleos ou brigadas e distribuindo as atividades... Isso é algo muito importante para a convivência desse grupo. É por meio dessa experiência que eles vão aprender a ouvir mais uns aos outros, a respeitar mais a opinião do outro, a trabalhar coletivamente... Assim, mais do que falar sobre a Pedagogia do MST, o que nós fazemos durante esses encontros é dar a eles a oportunidade de vivenciar a Pedagogia do MST... Para nós, é essencial não apenas "o saber como fazer" mas também e principalmente "o saber como ser"...* (Cleonice).

Eles ainda celebram a *mística*, planejam as ações políticas que estão previamente marcadas, discutem como organizar eventos em suas comunidades locais e elegem representantes para participarem de outros encontros de educação do Movimento, em nível estadual e nacional.

Os principais propósitos dos encontros nacionais e estaduais de educação do MST são: propiciar espaços para a socialização de experiências; possibilitar aos educadores o desenvolvimento de uma visão crítica por meio do distanciamento da sua realidade escolar e, ao mesmo tempo, incentivar os professores a transformar suas práticas. Segundo Beltrame (2000), esses eventos contam com a participação de um número expressivo de educadores e constitui em espaços importantes para reflexão e redefinição de suas práticas educativas.

Como mencionado anteriormente, o programa de formação de educadores do MST não se reduz ao acesso a um dos cursos de preparação profissional do Movimento e à participação nas atividades de acompanhamento nas salas de aula. Como será tratado a seguir, há também outras estratégias que são consideradas importantes para a formação dos professores das escolas de assentamento e acampamento.

Outras estratégias de formação de professores no MST

A participação política dos professores em diferentes espaços sociais em suas comunidades locais é uma estratégia muito importante do programa de formação docente do MST. O Movimento considera crucial o envolvimento dos professores em manifestações políticas, passeatas, marchas, ocupações de terra e de prédios públicos.

Participar de diferentes eventos políticos no MST é, então, parte do programa de formação de professores do Movimento. Essa participação em acontecimentos políticos é muito importante pois pode reforçar, nos professores e educadores, o sentimento de pertencimento ao Movimento (BELTRAME, 2000). As minhas entrevistadas confirmaram essa idéia do maior envolvimento dos educadores com o Movimento como uma estratégia importantíssima de formação:

> *O Movimento é um sujeito pedagógico. O Movimento, por si só, já é um educador. Não existe nada mais formativo que o próprio envolvimento com as lutas do Movimento. Nós normalmente dizemos: "O coletivo educa"...* (Lúcia).

Sobre outras estratégias de formação de professores do MST, minhas entrevistadas também mencionaram – para mim, em um primeiro momento, de maneira surpreendente – os encontros dos "Sem-Terrinha" – que envolvem crianças, filhos de assentados e acampados, de oito a catorze anos – e os encontros da juventude do MST – em que participam adolescentes assentados ou acampados de quinze a dezessete anos. Durante esses eventos, as crianças e os adolescentes estudam e discutem valores humanistas e socialistas, aprendem sobre seus direitos constitucionais e debatem problemas vividos em suas comunidades. Depois de três ou quatro dias discutindo esses temas, as crianças e os adolescentes levam essas discussões para suas comunidades e escolas.

Segundo minhas entrevistadas, as crianças e os jovens que participam desses encontros tornam-se mais críticos e questionadores e, muitas vezes, desafiam seus professores e diretores, exigindo deles espaços nas escolas para discutirem os assuntos lá tratados. As participantes da minha pesquisa acreditam que esse tipo de comportamento crítico e questionador das crianças e dos adolescentes tem também um impacto em termos da formação docente.

Aqui cabe um comentário e uma nova pergunta para reflexão: diferentemente do que acontece no MST, quando tratamos do tema da formação docente, geralmente, enfatizamos apenas os professores e deixamos de lado os protagonistas da relação ensino-aprendizagem: os alunos! Os nossos programas de formação de professores, em nossas universidades e demais instituições de ensino superior, normalmente, não se interessam em saber o que os próprios estudantes da educação básica têm a dizer sobre a preparação de seus mestres. Por que isso acontece?

Por fim, a última parte deste capítulo analisa, por meio de depoimentos de entrevistadas da minha pesquisa, a participação no programa de formação de educadores do MST e o seu impacto em termos da construção da identidade de educador *Sem Terra*.

A PARTICIPAÇÃO NO PROGRAMA DE FORMAÇÃO DE PROFESSORES DO MST

Depois de ingressar no Movimento dos Trabalhadores Sem Terra, a maioria das minhas entrevistadas participou de pelo menos um dos dois cursos de "formação inicial" de professores do MST: o Magistério e a Pedagogia da Terra[7]. A maior parte delas se referiu a essa experiência de uma maneira bastante positiva. Por exemplo, Tânia e Rosa disseram, respectivamente:

> Para mim, foi uma experiência muito boa. Eu aprendi muito... Nós sentíamos que, ao final do curso, nós tínhamos aprendido bastante...

---

[7] As entrevistadas se referiram, principalmente, a cursos de Magistério realizados nos anos 1990 e às primeiras parcerias estabelecidas entre o MST e instituições de ensino superior para realização do curso Pedagogia da Terra.

> Foi a partir dessa experiência que eu comecei a compreender o Movimento como um todo. Eu comecei a perceber que existe uma possibilidade de realmente mudar a sociedade...

Lúcia forneceu mais detalhes de como a própria organização do programa de "formação inicial" de professores do MST contribuiu para a reflexão da sua prática pedagógica.

> Eu aprendi muito por meio da minha participação nos cursos de formação de educadores do Movimento... Eu gostaria de destacar a maneira como os estudantes se organizaram durante esses cursos. Os cursos são organizados seguindo o modelo cooperativo e os estudantes devem participar desde o seu planejamento. Dessa forma, o curso espelha-se na maneira como as pessoas se organizam nos acampamentos do MST. Porém, muitas de nós nunca tínhamos vivido em um acampamento antes... A teoria e a prática estavam realmente entrelaçadas. Nós éramos capazes de ver nossas idéias e desejos sendo colocados em prática. Como estudantes, nós viemos de uma tradição onde nós esperamos receber tudo pronto dos professores! Mas, nesses cursos, nós não achávamos tudo pronto! Nós tínhamos de ajudar a construir cada programa de curso e executá-los... Assim, esses cursos tiveram para mim um grande impacto, fazendo com que eu repensasse a minha própria prática como professora.

Para algumas das minhas entrevistadas, principalmente aquelas que se tornaram professoras somente após ingressarem no Movimento, participar do programa de "formação inicial" de professores do MST foi fundamental para a própria decisão de se transformarem em educadoras *Sem Terra*. Como Sandra disse:

> Eu nunca tinha pensado em me tornar uma educadora... nunca... Eu nunca tinha pensado sobre isso antes... Eu tinha feito algumas atividades com crianças no assentamento mas nunca havia me visto como professora... Porém, participar do Pedagogia da Terra foi fundamental para mim... foi uma experiência riquíssima! Eu comecei a perceber o que significava se tornar uma educadora no Movimento.

Na opinião de algumas das minhas entrevistadas, outro aspecto positivo em relação ao programa de "formação inicial" de professores do MST, particularmente o curso de *Magistério*, no qual o Movimento tem mais autonomia para decidir sobre o seu currículo, reside no fato de que todo o curso e as atividades pedagógicas a ele vinculadas estão relacionadas às realidades e aos interesses específicos dos estudantes – futuros educadores ou educadores em serviço. Em função dessa proximidade com a realidade da escola, elas reconheceram que a teoria desempenhou um papel importante no esclarecimento de alguns acontecimentos da sala de aula. Destacaram ainda a possibilidade de se discutirem problemas concretos da prática pedagógica com os pares. Como Jussara, por exemplo, observou:

> O curso de Magistério me ajudou bastante não só a entender o projeto educacional do MST como também a compreender melhor as crianças no acampamento. Quando eu fui lecionar pela primeira vez no acampamento, eu tive muitas dificuldades. À medida que eu comecei a participar do curso, eu trazia aquelas dificuldades para o coletivo...

As entrevistadas ressaltaram ainda que a participação no programa de "formação inicial" de professores do MST fez com que elas refletissem sobre experiências anteriores, tanto na condição de educadoras como na de estudantes. O estágio e todos os momentos de contato direto com a realidade das escolas foram destacados pelas participantes da pesquisa.

> *Eu fiz o meu estágio em uma escola de assentamento... foi uma experiência muito interessante... o trabalho que nós fazíamos com as crianças, as discussões com os pais... se você é capaz de debater com a comunidade... se você é capaz de trabalhar com os pais, então, você é capaz de desconstruir a idéia de escola que eles têm... Essa experiência foi muito importante para compreender a educação que nós queremos... Ela foi importante para compreender que, se você quiser fazer a diferença na educação, você tem que ajudar a construí-la. Essa experiência na sala de aula também ajudou-me a entender as dificuldades dos professores para se envolverem com as lutas...* (Jussara).

Outro aspecto positivo desse programa foi perceber o espírito de colaboração e de solidariedade que emerge entre as pessoas que dele participam. Luciana, referindo-se especificamente ao Pedagogia da Terra, destaca alguns aspectos da experiência vivida por ela:

> Nós ficamos vários dias acampados no campus aguardando a decisão final para aprovação do curso... eu nunca tinha vivido em um acampamento antes... Apesar das dificuldades de se viver em uma situação como essa, foi uma experiência muito boa porque nós nos unimos bastante... Como já é tradição no Movimento, nós nos organizamos com base em princípios coletivos nesse acampamento. Todo mundo se ajudando... foi uma experiência realmente inesquecível!

As entrevistas ainda revelaram um dado interessante: diferentemente da maioria dos programas de formação de professores em que os estudantes, em geral, se matriculam pensando apenas em ganhos individuais, as participantes da minha pesquisa mostraram-se bastante conscientes de que estavam ali, mas como parte de um movimento social mais amplo. Como Jussara e Rosa, respectivamente, disseram:

> Eu sabia que eu estava estudando não só para o meu crescimento pessoal... eu também tinha uma obrigação com aquelas pessoas que confiaram em mim... então, eu tinha de continuar o meu trabalho com o Movimento...
>
> Na universidade, nós começamos a nos enxergar como um grupo... como pessoas que tinham uma identidade diferente... nós estávamos muito felizes de estar lá mas nós sabíamos que estávamos lá não apenas para o nosso próprio benefício... Aquele era um trabalho muito sério. Nós tínhamos o compromisso de retornar os ganhos daquela experiência para o Movimento...

Algumas de minhas entrevistadas também destacaram a importância de se fazer tarefas não-acadêmicas durante o *Tempo Escola,* como, por exemplo, colocar a mesa, lavar os pratos, limpar o acampamento, entre outras.

> *Eu sou uma educadora. Contudo, isso não significa que eu não possa cozinhar ou trabalhar nas lavouras... No Movimento, você faz muitas coisas que você nunca pensou em fazer. O Movimento desafia você o tempo todo e isso é realmente bom para nós, não apenas como educadoras mas também como indivíduos...* (Luciana).

Como mencionado anteriormente, mesmo tratando-se de um programa acadêmico, o envolvimento em atividades não-acadêmicas é uma estratégia intencionalmente formativa no Movimento Sem

Terra. O MST é consciente da necessidade de se desafiar a lógica que reproduz a rígida divisão entre o trabalho manual e o intelectual e que alimenta, com isso, profundas diferenças sociais e econômicas.

Outra ênfase do programa de formação de educadores do MST é a pesquisa e, mais especificamente, a pesquisa-ação. Ela é vista como uma das estratégias políticas e pedagógicas mais importantes para a preparação de novos professores. Como já mencionado, durante a participação em um dos cursos de "formação inicial" de professores do MST, os estudantes devem desenvolver um projeto de pesquisa e escrever um relatório final – a monografia.

As participantes da minha pesquisa consideraram que o desenvolvimento da investigação-ação tem uma importância central no processo de formação de professores. Por um lado, elas reconheceram que fazer a pesquisa e, mais especificamente, escrever a monografia, foi um grande desafio para elas, mas, por outro lado, disseram que essa foi uma das atividades mais importantes do programa de "formação inicial" de professores do MST. Sandra, Jussara e Tânia destacaram, respectivamente, a importância da pesquisa como componente desse programa:

> A pesquisa foi essencial... foi uma experiência muito rica. Eu aprendi muito desenvolvendo a pesquisa. Eu nunca havia me imaginado fazendo uma pesquisa. Eu percebi que não é tão complicado assim mas que também não é simples... nós temos dificuldade de escrever... nós temos dificuldade inclusive de pensar... de procurar, de saber exatamente o que nós queremos fazer...

> *Nós acreditamos que a pesquisa é uma atividade muito importante para a formação de professores porque nós precisamos compreender a nossa realidade para sermos capazes de transformá-la... Essa experiência foi muito difícil e dolorosa porque, como você sabe, não é simples fazer uma pesquisa. Nós tínhamos que escrever uma monografia de, no mínimo, 30 páginas! Acabou que ninguém escreveu menos do que 80, 90 páginas!* (risos) *A minha monografia teve 118 páginas! Foi um processo muito bonito... ficar tantas noites sem dormir...* (risos).

> No começo, eu pensei que eu não seria capaz de fazer uma pesquisa... não apenas pelo número de páginas da monografia, mínimo de vinte e cinco, mas também em função dos critérios de avaliação. No entanto, nós começamos a perceber que seria

> possível... Eu acho que essa experiência foi muito importante para mim. Eu aprendi muito... eu nunca tinha tido uma experiência de pesquisa antes... conversar com as pessoas, ouvi-las, anotar, analisar os significados de cada frase e, claro, escrever a monografia... tudo foi muito importante para mim.

Tânia e Sandra forneceram mais detalhes de como a experiência de se desenvolver uma pesquisa foi importante para a formação delas como professoras e para a revisão de suas práticas pedagógicas.

Essa experiência aumentou a minha habilidade de refletir sobre a minha prática... Como educadores, precisamos ser mais sensíveis para o que acontece em nossas salas de aula, prestar mais atenção para as diferenças dos estudantes e procurar compreendê-los... Mediante a experiência de se fazer a pesquisa, eu fui capaz de perceber muitas coisas que eu não percebia antes... Por meio da pesquisa, nós passamos a entender os propósitos, as razões da nossa prática. Finalmente, eu pude falar com as pessoas no assentamento sobre os achados e as conclusões da minha pesquisa assim como as possibilidades em relação às coisas que podiam ser melhoradas e trabalhadas com eles. Esse é um processo contínuo que nos força a prosseguir estudando, prestando mais atenção nas coisas e refletindo sobre nossas atividades cotidianas...

> Nós tínhamos como objetivo desenvolver uma pesquisa que pudesse trazer algum resultado para o MST... Nós não podíamos escrever uma monografia simplesmente levantando problemas e deixando esses problemas sem solução alguma... Assim, essa experiência mostrou-me que nós educadores temos um desafio enorme... nós temos que buscar, procurar, aprender, conhecer e ouvir... Por exemplo, antes dessa experiência, eu tinha uma dificuldade tremenda de ouvir as pessoas.

Apesar de a maioria das entrevistadas da minha pesquisa avaliar positivamente a sua participação no programa de "formação inicial" de professores do MST, elas não deixaram de mencionar algumas contradições e alguns conflitos vividos ao longo dessa experiência. Por exemplo, elas destacaram alguns desafios enfrentados durante o próprio processo de realização da pesquisa:

> *Isso* [desenvolver pesquisa nas escolas] *tem sido uma das coisas que tem nos dado mais problema... Como eu disse antes, nós*

> não temos o *hábito de ler e de estudar no assentamento... muitas pessoas com quem eu trabalhei na educação não tem formação específica em educação. Eles têm muita disposição para contribuir com a educação e querem muito trabalhar em educação. Contudo, isso é completamente diferente... Dessa maneira, nós temos tido problemas para fazer essa conexão* [entre a pesquisa e a formação de professores] *mas essa é a nossa intenção... Nós ressaltamos o tempo todo a importância de se desenvolver atividades coletivas na educação...* (Sandra)

Relataram ainda um conflito ocorrido, durante a Pedagogia da Terra, quando da definição dos temas de investigação, refletindo uma diferença de concepção, entre professores e alunos do curso, sobre a atividade de pesquisa.

> *Existia um grupo de professores que queria que nós fizéssemos nossa pesquisa sobre qualquer tema exceto o MST... Do contrário, não poderia ser considerada uma "pesquisa científica". De acordo com eles, nós devemos manter distância da realidade a fim de estudá-la. Contudo, nós não concordávamos com essa afirmação. Nós dissemos que nós queríamos fazer pesquisa sobre o Movimento e dentro do Movimento porque nós queríamos melhorar nossa própria realidade. Nós precisávamos entender nossa realidade para mudá-la. Nós também vencemos essa batalha! Eles nos permitiram fazer pesquisas sobre a nossa própria realidade...* (Jussara).

Além disso, como as participantes da pesquisa observaram, as dicussões, na Pedagogia da Terra, às vezes pareciam pouco conectadas aos interesses e às necessidades dos estudantes. Como comentado anteriormente, nesses cursos, o Movimento dependia muito das universidades e, por conseguinte, tinha menor autonomia para decidir o seu currículo.

> *Nós queríamos participar de um curso cujas discussões estivessem conectadas às nossas realidades e necessidades. Nós não queríamos fazer o curso apenas para receber um certificado...* (Regina).

Esse depoimento de Regina demonstra, de uma maneira bastante clara, o compromisso das minhas entrevistadas com a preparação profissional. Foi possível perceber entre elas, principalmente aquelas que já eram professoras antes mesmo de ingressarem no Movimento, que o interesse em participar do programa de "formação inicial" de educadores ia além da simples certificação.

Cleonice também relatou algumas decepções que ela e suas colegas tiveram durante a Pedagogia da Terra e o que fizeram diante dessas frustrações:

> Um dia eu perguntei à professora por que nós não estudávamos Paulo Freire na universidade e ela me respondeu dizendo que Paulo Freire era um sonhador que tinha passado toda a sua vida lutando contra algo que é impossível de mudar... Nessa e em várias outras situações, nós não concordávamos com os professores em função das visões positivistas e reacionárias que eles tinham... Nós tivemos muitos conflitos com os professores... Assim, o que nós fizemos foi criar, durante o curso, uma espécie de espaço paralelo para leitura e discussão daquilo que queríamos...

Outro conflito aconteceu durante a avaliação final no curso Pedagogia da Terra. Jussara explicou o que aconteceu:

> *Existia um discurso de que a avaliação do curso seria uma revolução. Contudo, foi a mesma avaliação que a gente já conhecia da escola tradicional. Ela procurava destacar os alunos mais inteligentes da turma, aqueles que conseguiam se comunicar melhor, etc. Aqueles que brigavam e queriam discutir cada passo do curso eram discriminados e rotulados como os que queriam atrapalhar o curso. Nós não concordávamos com aquilo! Nós queríamos avaliar a proposta de avaliação deles! Eles nunca tinham visto algo parecido com isso antes...* (risos).

Todos esses conflitos, a maioria deles concentrada na Pedagogia da Terra, refletiam, na verdade, os desafios do estabelecimento das primeiras parcerias entre o MST e as instituições de ensino superior para a organização desses cursos. De acordo com as participantes da minha pesquisa, nem os professores nem as universidades estavam preparados para lidar com as demandas colocadas pelo Movimento. Jussara, por exemplo, referiu-se à universidade como um "ambiente estranho" para os educadores militantes do MST. Ela disse:

> *Nós éramos completamente diferentes das pessoas que estudavam na universidade... Nós fazíamos nossas místicas... nós fomos para*

> *a universidade marchando, carregando nossa bandeira e nossas ferramentas... nós sempre sentávamos em sala de aula em círculos... Os professores nos disseram que, no início, quase ninguém queria dar aula pra gente (risos). Nós estávamos sempre procurando coisas diferentes. Nós brigávamos com a universidade porque nós queríamos estudar Paulo Freire e ninguém ensinava Paulo Freire na universidade! Nós queríamos ler e discutir Pedagogia do Oprimido... nós pressionávamos a universidade para conseguir nossos objetivos...*

Baseado nos depoimentos das minhas entrevistadas em relação ao programa de "formação inicial" de professores do MST e nos documentos publicados pelo Movimento sobre esse programa, é possível afirmar que a proposta de formação em si, pelo menos em termos de sua estrutura formal e seu currículo, não era radicalmente diferente dos programas tradicionais de formação de professores da maioria das instituições de ensino superior brasileiras. É impossível, porém, deixar de reconhecer que os estudantes, educadores militantes do MST, eram pessoas muito especiais e faziam a diferença em termos daquilo que realmente acontecia nos *campi* e nas salas de aula.

> *Eu acho que nós demos uma chacoalhada na universidade... Perto do final do curso, todos os professores já organizavam as salas de aula de uma maneira mais democrática, colocando as carteiras em círculos ao invés de fileiras. Nossa sala de aula era muito bonita! Nós a enfeitamos toda antes do curso começar... Além disso, nós cantávamos as músicas do MST todos os dias, antes das aulas começarem e durante os intervalos...* (Cleonice).

Os participantes do programa de "formação inicial" de professores do MST eram, em sua maioria, pessoas muito ativas e muito dispostas a contribuir para a construção daquela proposta de preparação profissional. Como mencionado anteriormente por uma de minhas entrevistadas, eles queriam negociar cada etapa dos cursos e se negavam a aceitar "pacotes" prontos apresentados por seus professores ou pelas universidades. Dessa maneira, os participantes foram os principais responsáveis para que os cursos ocorressem mais próximos dos princípios e das lógicas defendidos pelo MST.

Jussara, por exemplo, contou-me uma estória surpreendente de como eles conseguiram parar o curso por três dias uma vez que eram contrários que um colega de turma continuasse a freqüentar o curso. Ela dá, a seguir, mais detalhes sobre esse episódio que desafia totalmente a lógica da liberdade e do desempenho individuais, tão arraigados em nossas sociedades e, inclusive, nas universidades:

> Nós vivíamos coletivamente na universidade. Lá, nós tínhamos a nossa própria organização interna... Uma vez, um de nossos colegas disse que não queria mais participar dos espaços coletivos... no nosso acampamento, nos nossos encontros e em nossas discussões... ele preferia passar o tempo estudando e lendo na biblioteca. Nós não concordávamos com aquela posição! Depois de pedi-lo, várias vezes, para que revisse sua decisão, nós acabamos pedindo para que ele abandonasse o curso. Contudo, a universidade não aceitou a nossa decisão! Como você sabe, a universidade trabalha dentro da lógica individual e nós pensamos a partir de um ponto de vista coletivo... Então, nós fizemos greve por três dias e acabamos vencendo a batalha! Ele teve que abandonar o curso naquele ano...

Como mencionado anteriormente, o MST não restringe seu programa de formação de professores à simples participação em um curso de preparação profissional. As minhas entrevistadas confirmaram essa idéia ao afirmarem que participar de um desses cursos é apenas uma parte de todo o programa de formação e isso funcionaria como uma espécie de "complemento" do processo de se tornar um educador Sem Terra.

Essa visão do curso de formação de professores como um "complemento" leva-nos a pensar que a participação no programa de formação de educadores do MST faça mais sentido e, provavelmente, seja mais eficaz, se combinada ao envolvimento direto dos participantes no Movimento como um todo.

Realmente, de acordo com as minhas entrevistadas, as atividades mais importantes para a construção de uma identidade como educador Sem Terra são aquelas que envolvem a participação direta nas lutas do MST, por meio, por exemplo, das ocupações de terra, e o trabalho próximo às pessoas e às comunidades acampadas e assentadas. Elas enfatizaram a importância de se estar em contato direto com a realidade e as lutas do Movimento, seus desafios e suas dificuldades.

Mesmo assim, minhas entrevistadas reconheceram que a participação ativa nos cursos de "formação inicial" de professores do MST as ajudaram a construir uma identidade docente nova. Segundo avaliam, o próprio sentimento de pertencimento ao Movimento aumentou depois que elas participaram desses cursos.

Considerações finais

O principal objetivo deste capítulo, como mencionado, foi discutir *modelos críticos de formação docente* por meio de uma análise do programa de formação de educadores do MST. Essa análise, por sua vez, apoiou-se em depoimentos de educadoras do Movimento que participaram desse programa, na década de 1990.

Para tal, retomei uma discussão, já iniciada em outras publicações, sobre modelos hegemônicos e contra-hegemônicos de formação docente, enfatizando, neste texto, os modelos críticos de formação de professores. Em seguida, forneci informações básicas sobre o programa de formação de educadores do MST e, finalmente, discuti resultados da minha pesquisa em que educadoras do Movimento analisaram suas experiências de participação nesse programa de preparação de profissionais da educação.

Independentemente da nossa filiação ideológica, predileção partidária e da nossa afinidade ou não com os ideais de luta do Movimento dos Trabalhadores Sem Terra, é impossível não reconhecer que a experiência desse Movimento, na formação de seus educadores, deixa-nos muitas lições e uma série de reflexões para repensarmos nossos programas de preparação de profissionais da educação, principalmente, se o nosso interesse for o de buscar a construção de modelos mais críticos de formação docente.

Referências bibliográficas

BELTRAME, S. A. B. *MST, professores e professoras: Sujeitos em movimento*. São Paulo: Universidade de São Paulo, 2000. (Tese, Doutorado em Educação).

CALDART, R. S. *Educação em Movimento: Formação de educadoras e educadores no MST*. Petrópolis: Vozes, 1997.

CALDART, R. S. *Pedagogia do Movimento Sem Terra*. Petrópolis: Vozes, 2000.

CARR, W. e KEMMIS, S. *Becoming Critical: Education, Knowledge and Action Research*. London: The Falmer Press, 1986.

CARSON, T. R. e SUMARA, D. (Orgs.). *Action Research as a Living Practice*. New York: Peter Lang, 1997.

DINIZ-PEREIRA, J. E. A pesquisa dos educadores como estratégia para construção de modelos críticos de formação docente. In: DINIZ-PEREIRA, J. E. e ZEICHNER, K. M. (Orgs.). *A pesquisa na formação e no trabalho docente*. Belo Horizonte: Autêntica, 2002. p. 11-42.

DINIZ-PEREIRA, J. E. Formação de professores, trabalho docente e suas repercussões na escola e na sala de aula. *Educação & Linguagem*, vol. 10, p. 82-98, 2007.

DINIZ-PEREIRA, J. E. Paradigmas contemporâneos da formação docente. In: SOUZA, J. V. A. (Org.). *Formação de professores para a educação básica: dez anos de LDB*. Belo Horizonte: Autêntica, 2008. p. 253-264.

DINIZ-PEREIRA, J. E. A formação acadêmico-profissional: compartilhando responsabilidades entre universidades e escolas. ENDIPE, 14, Porto Alegre, abr. 2008. *Anais*. Porto Alegre: PUCRS (no prelo).

DINIZ-PEREIRA, J. E. e ZEICHNER, K. M. (Orgs.). *A pesquisa na formação e no trabalho docente*. Belo Horizonte: Autêntica, 2002.

HOOKS, B. *Teaching to transgress: Education as the practice of freedom*. New York, NY: Routledge, 1994.

LISTON, D. e ZEICHNER, K. M. T*eacher Education and the Social Conditions of Schooling*. New York: Routledge, 1991.

SCHÖN, D. *The reflective practitioner*. New York: Basic Books, 1983.

SCHOR, I. *Empowering education: Critical teaching for social change*. Chicago: The University of Chicago Press, 1992.

Os autores

Carol Rodgers é professora assistente no Departamento de Teoria e Prática da Educação, na Universidade do Estado de Nova York, em Albany, Estados Unidos. Seus interesses de ensino e pesquisa incluem a prática reflexiva, as raízes históricas da reflexão no trabalho de John Dewey, os esforços preliminares da formação de professores reflexiva/progressista, e a formação reflexiva de professores e desenvolvimento profissional. Seus artigos incluem *"Defining Reflection: Another Look at John Dewey and Reflective Thinking"*, no *Teachers College Record*, em junho de 2002, e *"Seeing Student Learning: Teacher Change and the Role of Reflection"*, no *Harvard Educational Review*, no verão de 2002.

Endereço eletrônico para correspondência com a autora:
rodgerca@sorver.net

Jean Moule é professora na Universidade do Estado de Oregon, nos Estados Unidos, onde trabalha com temas de educação multicultural, em programas de formação inicial de professores da educação infantil e do ensino fundamental. Atualmente, coordena um programa de formação de professores em que os futuros docentes desenvolvem seus estágios em escolas culturalmente e lingüisticamente diversas de Portland e Salem, as duas maiores áreas metropolitanas do Estado de Oregon. É co-autora do artigo *Cultural Competence, A Primer for Educators*.

Endereço eletrônico para correspondência com a autora:
moulej@oregonstate.edu

Júlio Emílio Diniz-Pereira é professor adjunto da Faculdade de Educação da Universidade Federal de Minas Gerais, em Belo Horizonte. É doutor em Educação, mais especificamente, Sociologia do Currículo e da Formação Docente, no Departamento de Currículo e Ensino, da Universidade do Estado de Wisconsin, em Madison, Estados Unidos. Sua tese tem como tema geral a formação docente e a construção da identidade de educadores. Além de possuir artigos em periódicos nacionais e internacionais, o professor Diniz-Pereira é também autor do livro *Formação de professores: pesquisas, representações e poder*, e organizador, junto com o professor Ken Zeichner, da coletânea *Pesquisa na formação e no trabalho docente*, ambos publicados pela Editora Autêntica, nos anos de 2000 e 2002, respectivamente.

Endereço eletrônico para correspondência com o autor:
juliodiniz@fae.ufmg.br

Kenneth Zeichner é professor titular do Departamento de Currículo e Ensino da Universidade do Estado de Wisconsin, Madison, Estados Unidos, onde desenvolve trabalhos de pesquisa e ensino na área da formação docente, desenvolvimento profissional de professores e pesquisa-ação. Já orientou dezenas de teses e dissertações no campo da formação de educadores. Professor Zeichner é autor de vários livros – muitos traduzidos para diferentes línguas, inclusive para o português – capítulos de livros e artigos publicados em periódicos internacionais e dos Estados Unidos.

Endereço eletrônico para correspondência com o autor:
zeichner@education.wisc.edu

Morva A. McDonald é professora assistente no Departamento de Currículo e Ensino, no *College Park*, da Universidade de Maryland, nos Estados Unidos. Seus interesses de pesquisa incluem a formação de professores para a diversidade, bem como as oportunidades de aprendizagem dos futuros docentes dentro e fora da escola. Usa as teorias socioculturais de ensino para estruturar e compreender a formação docente e oportunidades de aprendizado dos futuros professores. Sua pesquisa atual examina diferentes caminhos para se tornar um professor na cidade de Nova York e compreender a relação entre preparação dos professores em serviço, práticas dos professores e desempenhos dos alunos.

Endereço eletrônico para correspondência com a autora:
morva@u.washington.edu

Qualquer livro do nosso catálogo não encontrado nas livrarias pode ser pedido por carta, fax, telefone ou pela Internet.

✉ Rua Aimorés, 981, 8º andar – Funcionários
Belo Horizonte-MG – CEP 30140-071

📞 Tel: (31) 3222 6819
Fax: (31) 3224 6087
Televendas (gratuito): 0800 2831322

@ vendas@autenticaeditora.com.br
www.autenticaeditora.com.br

Este livro foi composto com tipografia Bembo, e impresso em papel Pólen 80g. na Formato Artes Gráficas.